DAUSIEN

Ceylonesische Märchen

DAUSIEN
Ceylonesische
Märchen

INHALT

ILANGORAS SCHATZ

In alten, uralten Zeiten beherrschte Nilame, ein mächtiger König, das Inselreich.

Er hatte neun Söhne, von denen acht stattlich und tüchtig waren. Der jüngste Königssohn hingegen war anders als seine Brüder. Er fand weder an Gold noch an Kostbarkeiten Gefallen, meist verschenkte oder verlor er diese; nur den Palmen schenkte er seine Aufmerksamkeit, denn aus Palmblättern machte man Bücher. Ilangora war bereit, für ein Buch alles herzugeben.

Jeder der Brüder hatte schon eine Familie gegründet, doch keiner von ihnen hatte je seine Geburtsstadt verlassen — sie wußten nichts von der Welt, und die Welt wußte nichts von ihnen.

Eines Tages rief der König seine neun Söhne zu sich und sprach:

«Liebe Söhne, die Jahre vergehen. Ihr habt weder Erfahrungen noch Kenntnisse gesammelt, ihr lebt in den Tag hinein. Ich will jedem von euch einen vollen Geldbeutel geben; ziehet in die Welt hinaus, solange ihr noch jung seid. Nach eurer Heimkehr sollt ihr mir von der größten Kostbarkeit, die ihr in der Welt ausfindig gemacht habt, erzählen; ihr sollt mir die aus der Fremde mitgebrachten Kostbarkeiten zeigen.»

Die Königssöhne rüsteten sich sogleich zur Abreise. Eine Woche war vergangen, *da machten sie sich in den frühen Morgenstunden auf den Weg: Als sie ihre Geburtsstadt aus den Augen verloren hatten, ließen sie sich nieder, um auszuruhen.*

Der älteste Bruder sagte:

«Liebe Brüder, wir wollen jetzt auseinandergehen, jeder von uns soll eine andere Richtung einschlagen. Von heute in drei Monaten wollen wir hier zusammenkommen und dann gemeinsam den Heimweg antreten.»

Nach einer Weile gingen die Brüder auseinander. Der jüngste von ihnen war jedoch unschlüssig, wohin er sich begeben sollte. Er ging langsam, setzte einen Fuß vor den anderen, bis er in eine Stadt gelangte. Dort fielen ihm die weißen Säulen vor dem Eingang einer Schule auf. Er betrat die Schule und erblickte einen greisen Lehrer im Kreise seiner vertieften Schüler. Ilangora war begeistert; er erkundigte sich, ob er bleiben und am Unterricht teilnehmen dürfe.

«Bleibe, wenn du willst,» antwortete der Lehrer. «Ich sehe, daß es dein sehnlichster Wunsch ist, die Geheimnisse der Welt zu ergründen.»

Drei Monate waren schnell vergangen; Ilangora schien es, als ob er einen einzigen Tag in der Schule verbracht hätte. Je mehr er von der Welt wußte, desto größer war sein Verlangen, noch mehr von ihr zu wissen.

Schweren Herzens verließ der Königssohn die Schule. Für sein restliches Geld kaufte er alte Schriften, in bemalte Holzdeckel gebunden, und verstaute diese sorgfältig in seinem Gepäck. Dann machte er sich auf den Weg.

Die Brüder warteten schon am vereinbarten Ort auf Ilangora. Auf einer mit Goldfäden durchwebten Decke hatten sie ihre Schätze ausgebreitet. Es waren darunter anmutige Figuren aus Elfenbein, die aussahen, als wären sie den schaumbedeckten, sich kräuselnden Wellen entstiegen, funkelnde Edelsteine, von denen einige dunkelfarben wie das Wasser eines tiefen Sees waren, und andere, die Funken sprühten oder wie Seide glänzten. Da waren zarte Gewebe mit wunderschönen Mustern, goldene und silberne Schmuckkästchen und andere Dinge, für die sich jeder, der das Schöne liebt, begeistern mußte.

Fürwahr, die Brüder hatten die Zeit nicht verschwendet, sie waren weit herumgekommen und hatten viel erlebt. Sie rechneten mit dem Lob des Königs und der Bewunderung ihrer Gemahlinnen.

«He, Bruder du läßt lange auf dich warten! Zeig, was du in deinem Gepäck hast!» riefen sie Ilangora zu.

Der jüngste Bruder nahm die kostbaren Schriften heraus und sagte, das sei alles, was er habe. Die Geschwister brachen in lautes Gelächter aus.

«Du Einfaltspinsel!» riefen sie aus und bogen sich vor Lachen.

Sie packten ihre Schätze zusammen und machten sich auf den Heimweg. Als sie vor den Palast kamen, erschienen ihre Gemahlinnen, um sie zu bewillkommnen und die ihnen zugedachten Gaben — Seide, Perlen und Geschmeide — entgegenzunehmen.

Die Gemahlin des jüngsten Königssohnes erhielt die Bücher, die ihr Mann gekauft hatte. Das Hohngelächter der Schwägerinnen gab ihr einen Stich ins Herz.

Seit jenem Tag wurde der jüngste Königssohn von seinen Brüdern und Schwägerinnen stets «der einfältige Ilangora» genannt.

Eines Tages wurde es Ilangora zu bunt; er rief aus:

«Nun gut, ich will ein zweites Mal in die Welt hinausziehen und euch allen beweisen, daß ich kein Einfaltspinsel bin!»

«Das ist klug von dir, lieber Sohn», sprach der König.

Ilangora legte einen langen Weg zurück. Schließlich kam er zu einer Stadt und durchschritt das große Stadttor. In der Stadt begegnete er dem Utantin, dem Ratgeber des Radschas. Dieser fragte:

«Wer bist du, Fremdling? Bist du vielleicht der Abgesandte eines Fürsten?»

«Nein, Herr, ich wurde weder zu Euch gesandt noch von Euch geladen. Ich streife so in der Welt umher. Man nennt mich den einfältigen Ilangora.»

Der Ratgeber des Radschas musterte Ilangora, sah ihm tief in die Augen, dann sagte er lächelnd:

«Wenn es dir bei uns gefällt, Ilangora, so bleibe hier. Mir will es scheinen, daß es für unser Land von Vorteil wäre, wenn die klugen Bewohner unserer Stadt so einfältig wären wie du.»

Ilangora blieb in der Residenz. Tag für Tag begleitete er die Tochter des Radschas und die seines Ratgebers in einen großen, außerhalb der Stadt gelegenen Garten. Dort kamen die edlen Jungfrauen zusammen, um die für Frauen schicklichen Künste zu erlernen. In seiner Freizeit vertiefte sich Ilangora in alte Schriften.

Eines Tages klagte die Radschini auf dem Heimweg, daß sie der Durst plage. Ilangora lief zu einem nahen Bächlein und wollte für sie Wasser schöpfen. Als er sich vorneigte, erblickte er auf dem Grund drei große glänzende Steine. Er fischte sie heraus und sah, daß es seltene Edelsteine waren; von solchen Edelsteinen hatte er nur in alten

Schriften gelesen. Er tat den Fund in seinen Geldbeutel, brachte der Radschini Wasser und geleitete sie in den Palast. Dann suchte er den Goldschmied des Radschas auf.

Der alte Meister besah die Steine und brach in Bewunderungsrufe aus.

«Wo hast du diese kostbaren Steine her?» fragte er.

Ilangora hatte nichts zu verschweigen, er sagte wahrheitsgemäß.

«Heute abend habe ich sie auf dem Grund des Bächleins entdeckt.»

Der Goldschmied sann eine Weile, dann kaufte er sie Ilangora ab und bezahlte sie mit Gold. Er und seine Gehilfen machten sich sogleich an die Arbeit. Als die Edelsteine geschliffen waren und helleres Licht als die Sonne verbreiteten, befestigte sie der Meister an einer Goldkette und bot diese dem Radscha an. Es läßt sich nicht in Worte fassen, wie sich das Geschmeide am Hals der Devi ausnahm. Die Edelsteine strahlten blendendes Licht aus. Die Devi war eine schöne Frau; im Glanz, der von der Halskette ausging, schien sie noch viel schöner zu sein.

Der Goldschmied erhielt eine fürstliche Bezahlung. Auf die Frage des Radschas, wie er in Besitz der seltenen Edelsteine gekommen sei, antwortete er:

«Mahipati, ich habe die ungeschliffenen Steine von Ilangora gekauft.»

Der Radscha ließ den jungen Kumara rufen und erkundigte sich nach der Herkunft der Edelsteine. Ilangora gab ihm Bescheid.

«Laßt uns zum Bach eilen!» rief der Goldschmied. Auch der Radscha schloß sich ihnen an.

Alle Mühe war umsonst. Sie und ihre Helfer holten aus dem trüben Wasser des Baches Körbe voller Steine, Edelsteine waren jedoch nicht darunter.

Der Radscha beratschlagte mit weisen Männern über den seltenen Fund. Nach einigen Tagen berief er Ilangora zu sich.

«Lieber Sohn, es scheint, daß du allein eine glückliche Hand hast. Mach dich auf den Weg; versuche in den Besitz des größten uns bekannten Schatzes zu gelangen. Meine Gemahlin wünscht sich eine Kirita aus Perlen, die wie zarte Seide glänzen; jede Perle soll einen Daumen lang sein und die Form eines großen Tropfens haben. Die Königin der Seejungfrauen ist die einzige, die solche Perlen hat. Wer weiß, vielleicht würde sie dir eine Handvoll Perlen schenken.»

«Ich will mein Glück probieren, Mahipati, denn ich möchte der Devi einen Dienst erweisen», erwiderte Ilangora. Er machte sich auf den Weg, wußte jedoch nicht, wohin er sich begeben sollte.

Nachts hatte er einen Traum: Er sah eine Seejungfrau, die sich vor ihm wie vor einem mächtigen Maharadscha verbeugte. Sie sagte ihm, er solle bei Tagesanbruch den Bach überschreiten und auf die am Horizont sichtbaren blauen Berge zugehen. «Am Fuße des Berges wirst du inmitten von Kokospalmen eine Bananenstaude sehen. Lasse dich dort nieder, ruhe aus und warte, bis die Elefanten der Königin der Seejungfrauen dort erscheinen. Unsere Königin wird das Leittier reiten. Ersuche sie um Perlen für deine Herrscherin und komme unverzüglich an diesen Ort zurück.»

Ilangora tat, was ihm die Seejungfrau im Traum geraten hatte. Am Fuße der blauen Berge fand er die Bananenstaude. Kaum hatte er sich unter ihr ausgestreckt und erfrischt, da erblickte er eine Herde mächtiger Elefanten, die auf ihn zugelaufen kamen. Angst überkam Ilangora, doch er nahm sich zusammen. Er holte seine Pfeife hervor und begann sein Lieblingslied zu pfeifen, das Lied von der Jungfrau, die wie eine Blume war, ein liebliches Antlitz und Augen wie Sterne hatte.

Die Königin der Seejungfrauen, die ganz wie die im Lied besungene Jungfrau aussah, erschien. Sie lächelte dem Jüngling zu und schüttelte das Haupt. Da lösten sich wunderschöne Perlen aus ihrem pechschwarzen Haar und kullerten ins Gras.

«Ich habe mit angehaltenem Atem deinem Spiel gelauscht, Ilangora. Lies die Perlen auf, dann spiel mir noch einmal das Lied vor und singe dazu. Noch nie habe ich ein so schönes Lied gehört, weder auf Erden noch in meinem Wasserreich. Ich werde deine Weise nie vergessen, sie wird mir stets in den Ohren klingen.»

Der junge Kumara wußte nicht, wie er der Königin der Seejungfrauen danken sollte. Er führte seine Pfeife an die Lippen und spielte mal ein fröhliches, mal ein trauriges Lied. Als das letzte Lied verklungen war, setzten sich die Elefanten in Bewegung; das Tier, das die Königin der Seejungfrauen trug, beschloß den Zug. Ilangora rieb sich die Augen, als wäre er aus einem Traum erwacht! Er besah die Perlen, die er in der Hand hielt, dann eilte er in die Residenz zurück.

Der Radscha und die Devi wollten ihren Augen nicht trauen, als ihnen Ilangora eine Handvoll Perlen überreichte. Die Perlen waren größer als die Regentropfen, die aus Gewitterwolken zu fallen pflegen, und glänzten wie zarte Seide. Der Goldschmied fertigte aus ihnen eine Halskette. War das eine Pracht. Noch nie hatte sich eine Frau mit einer schöneren Perlenkette geschmückt!

Der Radscha wollte Ilangora seine Gunst bezeigen. Er ließ den Bhandagarika, den Schatzmeister, rufen und befahl ihm, zwei Elefanten mit Kostbarkeiten — mit

Seidengeweben und bestickten Decken, mit goldenen und silbernen Schmuckkästchen, mit goldenen Schüsseln und Krügen, mit vollen Truhen und Körben — zu beladen.

Ilangora kaufte die kostbarsten Schriften, die er in der Residenz auftreiben konnte. Als dann alle Vorbereitungen zur Reise getroffen waren, nahm er vom Radscha und seinem Hofstaat Abschied und trat mit seinem Geleit und den schwerbeladenen Elefanten die Heimreise an.

Ilangoras Ankunft versetzte alle in Erstaunen. Seine Brüder und seine Schwägerinnen empfingen ihn so, wie man den Radschadhiradscha empfängt, und seine Gemahlin beglückwünschte ihn dazu, daß er unermeßliche Schätze erworben hatte.

Da machte Ilangora eine ernste Miene und sagte:

«Liebe Gemahlin, Reichtum macht den Menschen nicht immer glücklich. Für den größten Reichtum sehe ich umfassende Kenntnisse an; solche Kenntnisse habe ich noch nicht erworben.»

Mit der Zeit erkannten die Mitglieder der königlichen Familie den Wert alter Schriften und bewahrten diese wie einen Schatz auf.

An Ilangoras Hof ging es gerecht zu. Der Herrscher verschwendete sein Geld nicht wie ein törichter Reicher, er hielt es auch nicht hinter Schloß und Riegel wie ein Geizhals. Er umgab sich mit weisen und erfahrenen Männern. Er trug dafür Sorge, daß in seinem Reich niemand Not litt.

Reisende, die aus fernen Ländern kamen, Lehrer und Mönche, die in nahegelegene Städte pilgerten, pflegten an Ilangoras Hof zu kommen. Auch Männer, die eine Seefahrt in ferne Länder unternommen hatten, eilten zu Ilangora, um ihm zu berichten, was sie gesehen und erlebt hatten. Nirgends auf der Insel kamen so viele weise Männer zusammen wie in Ilangoras Palast.

GESCHICHTEN VON EINST

Es war keine Seltenheit, daß an Ilangoras Hof ehrwürdige Gäste — Alte und Junge — zusammenkamen. Unter ihnen waren auch Männer, die lange Jahre mit großer Ausdauer all das, was sie über das Leben in den auf der Insel Lanka gelegenen Königreichen, über das Meer, das die Insel umspülte, und über das ferne Festland wußten, auf Palmenblätter aufzeichneten.

Wenn in den späten Abendstunden ein kühles, erfrischendes Lüftchen wehte, pflegten die Gäste zu speisen. Sie nahmen Reis, Gemüse, gekochten Fisch und Madhupayasa, einen honigsüßen Brei zu sich; danach aßen sie Obst und Nüsse, tranken kalte Säfte und manchmal auch Palmwein, den sie Padi nannten. Sie schauten zum Sternenhimmel empor.

An Ilangoras Hof lebten viele Menschen; sie führten dort ein ruhiges Leben. Abends brannten die Fackeln. Manchmal erklang Musik und Gesang. Einmal, als ringsum Stille herrschte, hob ein schweigsamer Greis, der Geschichten

von einst aufgezeichnet hatte, zu sprechen an.

Er wandte sich an Ilangora und sagte:

«Ich halte es für gut, daß du alte Schriften mehr einschätzst als allerlei Kostbarkeiten und daß du auf gute Gesellschaft Wert legst. Meine Lebenserfahrungen bestärken mich in meiner Überzeugung, daß Wissen ein kostbares Gut ist. Man muß es wie einen Schatz hüten; es darf jedoch nicht unzugänglich sein, die Menschen müssen es sich aneignen können.

Wer Kenntnisse weitergibt, wird neue Kenntnisse sammeln.»

«Jeder Mensch sollte sein Wissen bereichern und dazu beitragen, daß auch andere es tun.» ließ sich ein Greis, der wortlos dagesessen und von den Speisen kaum gekostet hatte, vernehmen.

«Nur ein Dummkopf wird die Lichter, die aus der Ferne blinken, übersehen; nur ein Dummkopf wird nicht begierig sein zu erfahren, was sich in alten Zeiten zugetragen hat, woher wir gekommen sind und weshalb wir da sind. In unserem Kreise sind viele junge Leute; ihnen vor allem wird unsere Erzählung lehrreich sein.»

Die Errettung der Kaufleute

In alten, uralten Zeiten war das Meer, das die große Insel Lanka umspült, mit Perlen besät; die Wellen spielten mit ihnen und spülten sie an das sandige Ufer. Der Mond spiegelte sich in den Perlen wider, und in Vollmondnächten hätte man meinen können, daß Tausende von Monden im Sand verstreut waren. Auf der Insel, wo es ausgedehnte Waldungen gab, wuchsen seltene Bäume. Kein gewöhnliches Gestein, sondern feuerrote, leuchtende Edelsteine bildeten den Aufbau der Berge. In den Höhlen schimmerten goldene und bläuliche Lichter; es schien, als ob jemand Laternen angesteckt hätte. Es war die schönste Insel der Welt, man nannte sie Lanka — die prächtige Insel.

Lanka war lange unbewohnt, denn inmitten dieser Naturschönheiten hatten sich Dämonen niedergelassen. Es war nicht ratsam, sich mit diesen einzulassen; besonnene Menschen gingen ihnen aus dem Wege. Den weiblichen Dämonen gefiel das nicht; lange beratschlagten sie darüber, wie sie die Menschen überlisten könnten. Sie erbauten eine große Stadt, die sie mit Gold, Perlen und Edelsteinen schmückten; Männer, die Schiffbruch erlitten und sich auf die Insel retteten, lockten sie an. Wenn sich Schiffbrüchige der Insel näherten, verwandelten sich die weiblichen Dämonen in schöne Frauen. Sie schmückten sich von Kopf bis Fuß mit Geschmeide, hüllten sich in kostbare Gewänder und in eine Wolke von betäubendem Duft. In Begleitung ihrer Dienerinnen, die Reis, Gemüse, Fleisch und Getränke trugen, gingen sie den Schiffbrüchigen entgegen. Den Weg entlang schossen Unterkünfte, Gärten, bestellte Felder, Rinder- und Büffelherden, Hunde und Katzen aus dem Boden, denn die Schiffbrüchigen sollten meinen, sie seien in einem bewohnten Land.

Wenn die Schiffbrüchigen ans Land stiegen, wurden sie von den Frauen wie liebe Gäste empfangen.

«Trinkt Sakkharapana, das ist ein erfrischendes Getränk! Stärkt euch mit Reisbrei und Honigkuchen!»

Die Schiffbrüchigen ahnten nicht, welche Gefahr ihnen drohte. Sie dankten den Frauen und erzählten ihnen, was ihnen zugestoßen war. Sie hatten ihr Schiff mit feinen Gewürzen, kostbaren Stoffen, goldenen Gefäßen und Zierat beladen und wollten in ferne Länder fahren. Sie kamen aus nördlicher Richtung. Plötzlich ging ein schweres Gewitter nieder, und das Schiff zerschellte an einer Klippe; mit Müh und Not gelang es ihnen, das nackte Leben zu retten.

Die Frauen hatten nichts anderes im Sinn, als den erschöpften Männern vorzutäuschen, sie seien schon in Sicherheit.

«Seid nicht betrübt, seid nicht besorgt! Fühlt euch bei uns wie zu Hause! Unsere Männer haben sich vor drei Jahren eingeschifft; wir sind allein dageblieben. Unter uns ist keine, die nicht den Vater, den Gatten oder den Bruder beweinen würde; sicher haben unsere Männer den Tod in den Wellen gefunden. Wären sie noch am Leben, so wären sie schon längst heimgekehrt, so hätten sie uns benachrichtigt. Unsere Angehörigen waren Kaufleute, auch ihr gebt euch für Kaufleute aus. Von diesem Augenblicke an könnt ihr euch als Herren unserer Stadt fühlen, und wir wollen uns als eure ergebenen Dienerinnen betrachten.»

Mit solchen und ähnlichen Worten lockten die Frauen die armen Kaufleute in die Stadt der Dämonen. Es waren an die fünfhundert Männer, von denen viele welterfahren und weitgereist waren, keiner von ihnen ahnte, was ihnen bevorstand.

Die Frauen, ungeachtet des Alters, ehelichten die Schiffbrüchigen. Sie feierten eine Woche lang; Lagerfeuer brannten, alle vergnügten sich und schmausten. Doch alles nimmt mal ein Ende! Als der siebente Tag vorüber war, gingen die Neuvermählten nach Hause.

Der älteste Kaufmann umarmte seine schöne junge Frau und erbebte: Sie fühlte sich an wie Eis; der Schnee auf den höchsten Gipfeln der Berge hätte nicht eisiger sein können. Der erschrockene Mann ahnte, daß böse Geister ihn und seine Gefährten verführt hatten. Er beherrschte sich, verriet sich nicht. Am nächsten Morgen verließ er das Haus, als wollte er sich im Bach waschen. Seinen Gefährten, die er am Ufer des Baches traf, sagte er:

«Es steht nicht gut mit uns, wir sind den Dämonen in Netz gegangen. Sie werden uns verraten, sobald im Sturm wieder Schiffe sinken und neue Schiffbrüchige ans Land steigen werden. Dann wird es uns schlecht ergehen! Der böse Geist ist gefährlich; besonders gefährlich ist er, wenn er die Gestalt einer schönen Frau annimmt. Flüchten wir, ehe ein Gewitter im Anzuge ist.»

Einige Männer ließen sich von diesen Worten überzeugen; sie ahnten, daß der Verdacht begründet war. Die anderen seufzten und sagten:

«Wahrscheinlich ist das ein falscher Verdacht. Das Schicksal ist dem Menschen zugeteilt, es ist unabwendbar. Als wir arme Schiffbrüchige waren und unser Los beklagten, da bot sich uns die Gelegenheit, hier ein angenehmes Leben zu führen. Wir können nicht fluchtartig die Stadt verlassen und unsere Frauen alleine zurücklassen; wir würden nirgends so schöne Frauen finden!»

Die Männer, die die Dämonen fürchteten, beschlossen zu fliehen. Sie mieden ihre schönen Frauen aus Angst, diese könnten ihnen ihre Gedanken im Gesicht ablesen. Unbemerkt schlichen sie davon und kamen zu einem See, dessen Ufer von Schilf und Dickicht überwuchert waren.

In der Nähe des Sees weidete ein seltsamer Schimmel: Er hatte einen Kopf wie ein Vogel, eine üppige Mähne und mächtige Flügel. Es war ein Wundertier aus den nahegelegenen, bis an die Wolken ragenden Bergen. Das Tier war über das Meer geflogen und machte auf der Insel Lanka Rast; es trank frisches Wasser und rupfte wildwachsenden Reis. Während es nach Nahrung suchte, fragte es mit menschlicher Stimme:

«Sind hier Männer, die heimkehren wollen?»

Die Kaufleute wußten nicht, ob sie recht gehört hatten oder ob alles eine Sinnestäuschung war. Vorsichtig bogen sie das Schilfgras auseinander und erblickten den seltsamen Schimmel. Dieser wiederholte seine Frage:

«Sind hier Männer, die heimkehren wollen?»

Die Kaufleute faßten Mut, traten aus dem Dickicht hervor und näherten sich dem Wundertier, das schnaubte und scharrte. Es fragte ein drittes Mal:

«Sind hier Männer, die heimkehren wollen?»

Die Schiffbrüchigen flehten das Wundertier an, es möge sich ihrer erbarmen, es möge sie retten.

«Schwingt euch auf meinen Rücken, klammert euch fest!» rief der Schimmel.

Die behendesten Männer schwangen sich auf den Rücken des Schimmels, andere krallten sich in seiner langen weißen Mähne fest und mehrere rangen die Hände, weil es ihnen nicht gelingen wollte aufzusitzen. Doch das schaumweiße Pferd nahm auch jene, die es bloß berührt hatten, auf seinen Rücken. Es breitete seine mächtigen Flügel aus und flog davon.

Als die Ausreißer einen letzten Blick auf die Stadt der Dämonen, die sich in der Ferne verlor, warfen, da war ihnen, als hätten sie einen bösen Traum gehabt. Ehe sie sich versahen, waren sie daheim. Am Rande der

Stadt, im Grünen, saßen sie vom Schimmel ab; als sich dieser wieder in die Luft schwang, riefen sie ihm zu:

«Dank, tausend Dank!»

Sie blieben wie festgebannt stehen und schauten dem mächtigen Schimmel nach, bis er sich am Horizont verlor. Sie waren gerettet!

Die Männer gingen heim. Alte und Junge brachen in Tränen aus, als sie die Vermißten begrüßten. Sie wußten sich vor Freude nicht zu fassen.

Von jenem Tag an führten die Schiffer und die Kaufleute ein ruhiges und glückliches Leben. Sie leisteten eine redliche Arbeit und konnten bald den beim Schiffbruch erlittenen Verlust ersetzen. Nur der Gedanke an die in der Stadt der Dämonen zurückgelassenen und verschollenen Gefährten versetzte sie in eine trübe Stimmung.

Das Herrschergeschlecht, das von einem Löwen abstammt

Im Reich der Vangas, im fernen Norden, lebte einst am Fuße hoher Berge ein Radscha mit seiner Gemahlin und seiner bildschönen Tochter. Lange Jahre waren sie glücklich und zufrieden. Eines Tages jedoch weissagten Seher dem Radscha, der König der Tiere würde die Radschini zur Frau begehren, die Radschini werde mit dem König der Tiere unter einem Dach leben. Sie wiesen darauf hin, sie werde die Stammutter eines ruhmreichen und mächtigen Geschlechts sein, der man in allen Zeiten hohe Achtung zollen werde. Das war ein schwacher Trost; weder der Radscha noch die Devi strebten nach solchem Ruhm. Sie schämten sich, daß ein Tier, und wäre es der König der Tiere, ihr Eidam sein sollte.

Der Radscha grübelte lange nach, schließlich faßte er den Entschluß: Ich will meiner Tochter Geld, Perlen und Edelsteine geben, sie soll mit einer Gruppe von Kaufleuten außer Landes gehen. Mag sein, daß sich dann die Prophezeiung nicht erfüllt.

Die Radschini weinte und jammerte, als sie sich zur Abreise rüstete. Die Kaufleute, denen sie sich anschloß, ahnten nicht, daß sie die Tochter ihres Radschas war. Sie gingen über Stock und Stein, wanderten über Berg und Tal und wateten durch fließendes Wasser. Plötzlich mündete ihr Weg in ein Dickicht, durch das kein einziger Sonnenstrahl drang. Als sie endlich herausfanden, breitete sich vor ihnen eine grüne Hochebene aus.

Da sprang ein Löwe hinter einem hohen Felsen hervor und griff die Reisenden an. Die Menschen schrien: «Siha! Ein Löwe!» Menschen und Tiere stoben auseinander. Die Radschini lief, sie keuchte schwer. Da erblickte sie der Löwe; die Angriffslust verging ihm, er schlich an die Jungfrau heran. Er schien zahm zu sein, als wäre er nicht der gefürchtete König der Tiere. Der Radschini erstarrte das Blut in den Adern, ihre Stimme versagte. Da fiel ihr die Prophezeiung ein; diese hatte ja ihren Vater dazu bewogen, sie in das ebene Land hinter Berg und Tal zu schicken, weil es dort keine Löwen geben sollte.

Vergeblich würde ich dem Schicksal entgegentreten, dachte sie und beruhigte sich. Als der Löwe zu ihr gelaufen kam, brachte sie den Mut auf, ihn zu streicheln.

«Du fürchtest dich nicht vor mir? Du läufst nicht davon? Ist das möglich?» fragte der Löwe.

«Ich fürchte mich nicht vor dir, Siha», antwortete die Radschini. «Deinetwegen haben sich mein Vater und meine Mutter von mir losgesagt; deinetwegen haben sie mich mit den Kaufleuten fortgeschickt. Ich habe niemanden auf der Welt, ich bin mutterseelenallein. Ein Leben in Unsicherheit steht mir bevor; deshalb bange ich nicht um mein Leben. Ich sehe, daß du mir kein Leid antun willst; weshalb sollte ich mich dann vor dir fürchten? Du bist mächtig, furchtlos und schön, du bist der Herr dieser Wälder, der König der Tiere.»

«Willst du mit mir gehen?» rief der Löwe freudig aus. Er nahm die Jungfrau auf den Rücken und trug sie in seine weitabgelegene Höhle.

Alle Lebewesen freuten sich, daß der König der Tiere mit der schönen Radschini glücklich war.

Sie lebten in Eintracht. Nach einiger Zeit brachte die Königstochter zwei Kinder zur Welt. Dem Knaben, der stark wie ein Löwe war, gaben sie den Namen Sihabahu und dem Mädchen, das einem leuchtenden Stern glich, gaben sie den Namen Sihasivali.

Die Radschini führte mit ihrem Löwen und ihren Kindern ein zufriedenes Leben. Je länger sie in der Höhle lebten, desto häufiger hegte der König der Tiere Befürchtungen, die Radschini könnte Heimweh bekommen, sie könnte die von Dickicht umgebene Hochebene verlassen und in das von Menschen bewohnte Gebiet zurückfinden.

Die Kinder wuchsen heran.

Eines Tages drangen aus der Ferne menschliche Stimmen bis zu den Ohren des Löwen. Er befürchtete, die Radschini könnte die Stimmen vernehmen und ihnen nachgehen, deshalb handelte er: Mit einem riesigen Felsblock verbarrikadierte er den Eingang zur Höhle. Von jenem Tag an durften die Radschini und die Kinder nur in Begleitung des Löwen auf die vom Mondglanz erhellte Wiese gehen.

«Lieber Löwe, warum quälst du mich so?» fragte die schluchzende Radschini. «Warum behandelst du mich wie eine Gefangene, ich habe mir doch nichts zuschulden kommen lassen.»

Der Löwe brummte, er wolle sie vor bösen Geistern schützen — und wieder wälzte er den Felsblock vor den Eingang zur Höhle.

Als der mächtige Sihabahu ein Jüngling von sechzehn Jahren war, erdreistete er sich zu fragen:

«Sag uns, liebe Mutter, aber sag uns die Wahrheit, warum bist du ganz anders als unser Vater?»

Die Radschini stieß einen tiefen Seufzer aus und begann zu erzählen. Sie verriet den Kindern, wer sie war, woher sie gekommen war und was die Seher ihrem Vater geweissagt hatten. Sie sagte ihnen, daß sich ihre Eltern von ihr losgesagt und sie zum Weggehen genötigt hatten, daß sie dem König der Tiere trotzdem begegnet war und längere Zeit mit ihm in den Bergen ein zufriedenes Leben geführt hatte. Sie beklagte sich

darüber, daß der Löwe aus ihr unerklärlichen Gründen sie und die Kinder in der Höhle einschloß. Sie klagte, sie könne weder lachen noch singen, das Leben freue sie nicht, sie warte auf den Tod.

«Liebe Mutter, warum bleiben wir denn hier? Wäre es nicht besser, diesen Ort zu verlassen, als auf den Tod zu warten?»

«Sihabahu, weißt du denn nicht, welch einen Felsblock dein Vater vor die Höhle wälzt, wenn er auf die Jagd geht?»

«Ich weiß es, aber ich lasse mich nicht länger einschließen!» rief der erzürnte Sohn.

Er stemmte sich gegen den Felsblock und machte den Eingang zur Höhle frei. Dann setzte er die Mutter auf seine rechte, die Schwester auf die linke Schulter und rannte mit ihnen davon. Er lief über die Hochebene und durch das Dickicht, er lief auf die nächstgelegene Siedlung zu.

Sie gelangten zu einer großen, in der Nähe der Grenze gelegenen Ortschaft, um die Krieger Befestigungen bauten. Der Befehlshaber lag unter einem Baum, als ihm die Wache meldete:

«Ein kräftiger Jüngling und zwei Frauen kommen gelaufen. Sie haben ein seltsames Aussehen, ihre Körper sind mit Laub bedeckt.»

Da erschienen die Flüchtlinge.

«Wer seid ihr?» fragte der Befehlshaber.

«Wir sind Menschen aus dem fernen Wald», antwortete die Radschini. Der Befehlshaber ließ für sie Hemden aus derbem Leinen holen. Als sich die Radschini und ihre Kinder gewaschen und bekleidet hatten, da verwandelten sich die groben Leinenhemden in reichverzierte seidene Gewänder.

Die Krieger boten den Flüchtlingen Hirsebrei auf Bananenblättern an. Kaum hatte die Radschini die Bananenblätter berührt, da verwandelten sich diese in goldenes Geschirr und erlesene Gerichte.

«Wo kommt Ihr her?» rief der Befehlshaber plötzlich aus. Er hatte die Radschini erkannt, denn auch er gehörte der Familie des Radschas an.

Die Radschini erzählte ihm, was sie erlebt hatte; ihre Geschichte versetzte ihn in Verwunderung.

Der Befehlshaber dankte dem Schicksal, daß eine schöne Frau in seiner Waldeinsamkeit aufgetaucht war. Nachdem seine Dienstzeit um war, kehrte er mit den Flüchtlingen in die Residenz zurück und vermählte sich mit der Radschini.

Als der Löwe von der Jagd heimkehrte, erstarrte ihm das Blut in den Adern: Der Felsblock lag abseits der leeren Höhle. Der wütende Löwe brüllte so, daß Laub von den Bäumen fiel, dann ließ er den Kopf hängen. Er verzehrte sich vor Gram und war nahe daran, den Verstand zu verlieren. Er fraß nicht und trank nicht. Er durchsuchte das Dickicht, doch umsonst; die Radschini und die Kinder waren spurlos verschwunden. Der Löwe wagte sich bis an den Waldrand vor und stiftete in den dort gelegenen Dörfern eine heillose Verwirrung an. Schließlich gingen die verängstigten Menschen zum Radscha. Der Gamarala, der Älteste der Gemeinde, machte vor dem König eine tiefe Verbeugung und sagte:

«Mahipati, der Löwe richtet in unseren Siedlungen Verwüstungen an, er bedroht alles, was lebt. Gewähre uns Schutz, sonst sind wir verloren! Wir haben dir immer treu gedient und die Grenzen deines Landes bewacht; jetzt ist die Grenzwache auf und davon, das Land ist schutzlos.»

Der Radscha ließ einen Elefanten mit einem Sack voll Gold beladen; gleichzeitig ließ er austrommeln, der Jäger, der den Löwen erlegt, solle das Gold zur Belohnung erhalten.

Doch niemand wagte es, den König der Tiere zu jagen. Da ließ der Radscha einen Elefanten mit zwei Säcken voll Gold beladen; das sollte der Preis für den abgeschlagenen Kopf des Löwen sein.

An jenem Abend sagte Sihabahu zu seiner Mutter:

«Ich will den Löwen erlegen. Ich hasse ihn, weil er grausam war und uns gefangengehalten hat.»

«Lieber Sohn, tu das nicht!» rief die Radschini. «Er ist doch dein Vater! Er hat uns nur deshalb in der Höhle gefangengehalten, weil er uns geliebt hat, weil er uns nicht verlieren wollte.»

Das dritte Mal setzte der Radscha einen noch höheren Preis aus — drei Säcke voll Gold und das ganze Reich dazu. Sihabahu sagte seiner

Mutter kein Wort. Er holte sich ein Schwert mit scharfer Schneide und mit goldenem Knauf sowie Pfeile und einen Bogen. So bewaffnet, lief er zur großen Höhle, in der er aufgewachsen war.

Der Löwe lag vor dem Eingang der Höhle; schon von weitem sah er seinen Sohn kommen. Er war außer sich vor Freude, sprang auf und lief ihm entgegen. Da spannte Sihabahu den Bogen und schoß einen Pfeil ab. Dieser traf den Löwen mitten in die Stirn, prallte jedoch ab und fiel vor dem Jüngling zu Boden; so groß war die Liebe des Löwen zu seinem Sohn. Drei Pfeile schoß Sihabahu ab, doch er verfehlte das Ziel. Da wurde der König der Tiere wild, er brüllte:

«Geh mir aus den Augen!»

In dem Augenblick durchbohrte ihn ein spitzer Pfeil.

Sihabahu kehrte in die Residenz zurück. Dort erfuhr er, daß der alte Radscha vor sieben Tagen gestorben war. Die Zeit der Trauer war um, das Klagegeschrei verstummte.

Mit Trommeln und Pfeifen, mit Gesang und Jubel empfingen die Bewohner der Stadt den tapferen Jüngling, der den Löwen erlegt und sie aus einer bedrohlichen Lage befreit hatte. Als die fürstlichen Räte hörten, daß Sihabahu der Enkel des verstorbenen Radschas war, wollten sie ihn zu ihrem Herrscher machen.

«Sei unser Herr!» riefen sie.

Sihabahu ließ sich wie ein Fürst ehren, betraute jedoch den Gemahl seiner Mutter mit den Regierungsgeschäften. Dann zog er in das fernab gelegene Land, wo er geboren wurde und wo er aufgewachsen war. Dort, wo es ehedem nur Gras und Dickicht gegeben hatte, erbaute er die Stadt Sihapura — Löwengrube — und zahlreiche Dörfer. Die Menschen kehrten in die verwüstete Gegend zurück. Den Felsen mit der Höhle, in der er seine Jugend verbracht hatte, ließ Sihabahu zertrümmern; nichts sollte ihn an den Tag erinnern, an dem er mit der Waffe den Vater angegriffen hatte.

Sihabahu gründete eine Familie. Seine Gemahlin gebar ihm sechzehnmal Zwillinge, er hatte zweiunddreißig Söhne. Der älteste hieß Vijaya.

Sihabahu gründete eine Stadt und nannte sie Sihapura.

Die Ankunft Vijayas

In alten, uralten Zeiten führten die Menschen in der Residenz Sihapura und ihrer Umgebung ein angenehmes Leben. Die Felder lieferten einen reichen Ertrag, in den Wäldern gab es einen großen Wildbestand, die Gewässer waren voller Fische, und auf dem Markt konnte man Kostbarkeiten aus Gold, Silber und Kupfer, aus Seide, Wolle und Baumwolle kaufen.

Doch Vijaya, der älteste Sohn Sihabahus, tat sich zusammen mit Dieben, Säufern und Spielern: Es verging kein Tag, an dem man nicht bei Sihabahu Beschwerde gegen ihn geführt hätte.

Sihabahu war bestrebt, seinen Erstgeborenen auf den Weg der Tugend zurückzuführen. Er redet ihm gütlich zu, der künftige Herrscher des

Landes dürfte nichts tun, was ihm zur Schande gereichen könnte; doch er predigte tauben Ohren.

Auf Wunsch Sihabahus ging der Kumara in die weite Welt, aber auch nach seiner Heimkehr änderte er seinen Lebenswandel nicht. Er und seine Gefährten führten ein Lotterleben. Hatten sie kein Geld, so verübten sie Einbrüche in Paläste und Wohnstätten oder überfielen auf dem Markt reiche Herren, Kaufleute und Handwerker.

Schließlich riß Sihabahu die Geduld. Er ließ seinen Sohn in den Kerker werfen in der Hoffnung, daß dort die Einsamkeit, die Angst und der Hunger ihn ändern würden. Doch eines Tages drangen die Kumpane Vijayas in den Kerker ein und befreiten den Häftling.

Sihabahu rief seine Krieger zusammen und erteilte ihnen den Befehl:

«Nehmt Vijaya und alle seine Gefährten gefangen, fesselt sie und führt sie in den Hof des Palastes!»

Die Krieger gehorchten dem Befehl und brachten die Männer, siebenhundert an der Zahl, vor Sihabahu.

«Schert ihnen die Köpfe kahl!» befahl Sihabahu. Dann ließ er die Männer, ihre Frauen und Kinder einschiffen. Den Männern wies er ein eigenes Schiff an. Als letzter ging der gefesselte Vijaya aufs Schiff.

Sihabahu sprach zu ihm:

«Ich sage mich von dir los. Solltest du dich in meinem Reich sehen lassen, so liefere ich dich unverzüglich dem Henker aus.»

Die Schiffe stachen in See und fuhren südwärts. Die Frauen und die Kinder siedelten auf kleineren Inseln. Die Männer fuhren weiter und legten in einem großen Hafen an. Auch hier beraubten sie jeden, der keine Leibwache hatte, dann schmausten und tranken sie. Wohin sie auch kamen, da richteten sie Unheil an. Die aufgebrachten Bewohner bewaffneten sich und trieben die Ruhestörer in die Flucht.

Die Männer flüchteten sich auf ihr Schiff und fuhren davon. Nach einer langen, gefahrvollen Fahrt erspähten sie in der Ferne das grüne Ufer einer Insel.

«Ich sehe weder einen Hafen noch eine Stadt, hier können wir ans Land steigen», entschied Vijaya. Er sprach diese Worte in einer glücklichen Stunde aus; von diesem Augenblick an nahmen sich die Himmelsbewohner seiner an. Der Herr im Himmel schickte Uppalavanna, seinen Boten, der sollte Vijayas Helfer sein.

Der Abgesandte des Himmels verwandelte sich in einen alten Einsiedler und setzte sich unter einen mächtigen Baum am Ufer. Dort wartete er auf Vijaya und seine Gefährten.

Vijaya war von der langen Reise müde. Er machte vor dem Einsiedler eine tiefe Verbeugung und fragte mit Ehrerbietung:

«Wo sind wir? Wie nennt man diese Insel? Bitte, sagt uns, was für Menschen hier leben.»

«Die Insel heißt Lanka; sie ist die schönste Insel der Welt. Die Erde hier ist fruchtbar. In den Gewässern gibt es Fische, Perlen und Edelsteine, in den Wäldern die verschiedensten Arten von Wild, doch es leben hier keine Menschen. Ihr könnt überall Städte gründen und Dörfer erbauen. Vor Gefahren wird euch mein Kanjamula, mein wundertätiger Faden, schützen.»

Der Alte hielt einen Krug in der Hand und besprengte die Männer mit Wasser; dann wickelte er ihnen einen wundertätigen Faden um die Hände. Ehe sie sich versahen, war er verschwunden. Es war, als hätte ihn der Wind weggeblasen; doch es hatte sich kein Blatt geregt.

Auf der Insel lebten keine Menschen, aber mächtige und gefährliche Geister. Sie waren unsichtbar, konnten sich jedoch in Menschen oder Tiere verwandeln.

Der jüngste der Männer erblickte einen Hund. Er dachte: Wo ein Hund ist, dort müssen auch Menschen sein. Warum hat uns der Einsiedler gesagt, daß die Insel unbewohnt ist?

Er hatte keinen Hund, sondern einen Dämon vor sich. Kuveni, die Herrin der Dämonen, und ihre Dienerin hatten gesehen, daß sich siebenhundert Männer ausschifften; da hatte die Dienerin die Gestalt eines Hundes angenommen.

Der von Neugier erfüllte Jüngling ging dem Hund nach. Von ferne sah er das Ufer eines Sees und Kuveni, die unter einem Baum saß und spann. Er löschte seinen Durst, wusch sich, pflückte einige Lotosblumen, schöpfte Wasser in ein großes, gefaltetes Lotosblatt und wandte sich zum Gehen.

«Halt!» rief Kuveni. «Ich habe dich in meiner Gewalt!»

Der Jüngling konnte sich nicht rühren; es schien ihm, als ob man ihm Fesseln angelegt hätte. Der wundertätige Faden des Einsiedlers gewährte ihm Schutz. Kuveni warf ihn zwar in einen tiefen Abgrund, vermochte ihn aber nicht zu töten.

Auch seine Gefährten kamen heran, und Kuveni stieß einen Mann nach dem anderen in den Abgrund.

Vijaya erwachte aus dem Schlaf und sah, daß er alleine war. Er rief seine Gefährten, doch niemand antwortete ihm. Angst überkam ihn; er nahm sein Schwert, sein Kriegsbeil, seinen Bogen, seine Lanze und seinen Schild und folgte den Spuren, die seine Gefährten hinterlassen hatten. Aus der Ferne sah er den See, auf dem Lotosblumen schwammen, und an seinem Ufer die Spinnerin. Viele Spuren führten zur Spinnerin, doch dann verliefen sie sich.

Ein Dämon hat meine Leute umgebracht, dachte er. Er beherrschte sich und redete die Frau an:

«Seid Ihr meinen Gefährten begegnet?»

«Was schert dich dein Gefolge, Adipada», antwortete sie ihm freundlich. «Erfrische dich, nimm ein Bad!»

Sie weiß, wer ich bin; also muß sie ein Dämon sein, dachte Vijaya. Er sprang auf sie zu, packte sie an den Haaren und riß das Schwert aus der Scheide.

«Gib mir sofort mein Gefolge wieder, bis auf den letzten Mann. Ansonsten kommst du nicht mit heiler Haut davon, was immer du auch tun magst!»

Kuveni erschrak, denn sie konnte sich nicht frei machen. Sie war Vijaya ausgeliefert.

«Herr, verschone mich. Ich schwöre dir, daß ich dir alle deine Gefährten wiedergebe, daß ich dir auch zu einem großen Reich verhelfe und dich zum Radschadhiradscha mache. In Zukunft will ich deine treue Dienerin sein.»

«Gut, ich will dich verschonen. Du mußt mit aber schwören, daß du mir alle meine Gefährten wiedergibst.»

«Ich schwöre es!» sagte Kuveni mit Flüsterstimme. Vijaya ließ sie los, und sie holte alle Männer aus dem Abgrund herauf.

«Meine Gefährten sind hungrig», sagte Vijaya, nachdem er sich vergewissert hatte, daß keiner fehlte.

Kuveni gab ihnen Reis, Öl, Fische, Nüsse, feine Gewürze und andere Zutaten. Vijayas Leute bereiteten daraus große Mengen von schmackhaften Gerichten. Kuveni sah ihnen bei der Arbeit zu. Vijaya reichte der Herrin der Dämonen gewürzten, auf einem großen Blatt angerichteten Reis; sie fand, daß das Gericht wohlschmeckend war.

Kuveni wich nicht von Vijayas Seite und betrachtete ihn mit prüfenden Blicken. Allmählich verging ihr die Lust, ihn zu behexen; sie hegte nur noch den Wunsch, seine Liebe zu gewinnen. Sie verwandelte sich in eine schöne Jungfrau, die ein kostbares Gewand und einen bräutlichen Kopfschmuck trug.

In den frühen Morgenstunden wurden die Männer aus dem Schlaf gerüttelt. Lärm, Trommelschlag, Pfeifen, Gesang und Geschrei drangen zu ihren Ohren.

«Was ist los?» rief Vijaya aus.

Kuveni dachte: Ich habe meinem Herrn versprochen, ihm zu einem mächtigen Reich zu verhelfen. Die Zeit ist gekommen. Er muß die Dämonen besiegen und entmachten, ansonsten rächen sie sich an mir für die Hilfe, die ich den Menschen geleistet habe. Dann sagte sie:

«Unweit von hier befindet sich die Stadt der Dämonen. Heute sind die junge Herrscherin der Dämonen, ihre Mutter und zahlreiche Hochzeitsgäste angekommen; sieben Tage und sieben Nächte wollen sie Hochzeit feiern. Noch heute mußt du die sorglosen und ahnungslosen Dämonen angreifen, sonst ist es zu spät.»

Vijaya schaute düster drein und fragte:

«Wie soll ich gegen die unsichtbaren Feinde kämpfen?»

«Ich will dich rufen. Geh meiner Stimme nach und haue mit dem Schwert los. So wirst du alle Dämonen treffen.»

Der Prinz blies zum Angriff. Seine Gefährten überrumpelten die Dämonen bei der Hochzeitsfeier und machten sie unschädlich; sie erbeuteten prunkvolle Gewänder und kostbare Ziergegenstände.

Die siegreichen Männer verließen die Stätte, wo die Dämonen gehaust hatten. Sie erbauten die Stadt Tambapanni und gründeten mehrere Dörfer.

Vijaya wohnte mit Kuveni und später auch mit seinen beiden Kindern in einem wunderschönen Palast. Sie lebten im Überfluß, denn die Insel besaß große Reichtümer.

Vijaya und das von ihm abstammende Geschlecht

Auf der Insel Lanka, inmitten von duftenden Blumen und blühenden Bäumen, führten Vijaya und seine Gefährten ein angenehmes Leben. Ob der Tag sonnig war oder ob es regnete, immer hatten sie alle Hände voll zu tun. Von Tag zu Tag wurde ihre Stadt schöner, ihre Dörfer wuchsen. Keiner der Männer hegte den Wunsch, aufs Schiff zu gehen und in die Heimat zurückzukehren. Sie genossen das ungewohnt ruhige Leben.

Das Land braucht einen Herrscher, dachte der klügste Berater Vijayas. Eines Tages sagte er zu seinem Herrn:

«Gestatte, Mahipati, daß wir eine goldene, mit Edelsteinen besetzte

Krone anfertigen lassen und daß wir dich zu unserem Herrscher machen.»

«Es sei! Lasset gleich zwei Kronen anfertigen, die der königlichen Würde entsprechen, die eine Krone für mich, die andere für die Devi. Nur eine Jungfrau aus edlem Geblüt soll meine Gemahlin und die Mutter meiner Kinder werden. Erst bringt die angehende Devi an meinen Hof, dann lasse ich mich krönen.»

Lange zerbrachen sich die Berater Vijayas den Kopf, wie sie das anstellen sollten. Aus bunten Edelsteinen und Perlen ließen sie das Bildnis Vijayas anfertigen, dann beluden sie ein Schiff mit feinen Gewürzen, Kostbarkeiten, Perlen und Edelsteinen. Eine Abordnung von Würdenträgern sollte mit dem Schiff in die im Norden gelegene Stadt Madurai fahren und im Namen ihres Herrschers um die Hand der dortigen Prinzessin anhalten.

Es wehte ein günstiger Wind, und das Schiff lief ohne Zwischenfall im Hafen von Madurai ein. Die Abordnung aus Lanka begab sich mit Körben und Truhen voll Kostbarkeiten an den königlichen Hof. Als sie der König huldvoll empfangen und bewirtet hatte, brachte sie ihm ihr Anliegen vor.

«Mahipati, wir kommen von der fernen, wunderschönen Insel Lanka, die aus einem Meer von Perlen herauszuragen scheint. Der von einem Löwen abstammende Fürst Vijaya hat dort eine Stadt gegründet, der er allseitige Pflege angedeihen läßt. Wir haben alles, was das Herz begehrt, nur eine Fürstin mit ihren Damen fehlt an unserem Hofe. Deshalb sind wir gekommen; wir bitten dich um deine Unterstützung.»

Die Abgesandten aus Lanka gaben eine lebhafte Beschreibung der Insel und ihres Herrschers. Diese bewog den König von Madurai, seine Ratgeber und Seher zu sich zu berufen. Er beratschlagte mit ihnen vom späten Abend bis zum frühen Morgen. Als die Sterne verblaßten, faßte er diesen Entschluß:

«Ich will in den Städten und den Dörfern austrommeln lassen: Die Eltern, die gewillt sind, ihre Töchter mit der angehenden Fürstin von Lanka ziehen zu lassen, mögen die Jungfrauen an meinen Hof führen und deren Gewänder, bräutlichen Schmuck und deren Hausrat mitbringen. Die Abgesandten von Lanka werden die Eltern und die Jungfrauen beschenken.»

Schließlich fand sich in Madurai für jeden Gefährten Vijayas eine Frau. Auch der König bereitete die Abreise seiner Tochter vor; als Brautausstattung gab er ihr kostbare Decken und Gewebe, Gewänder und Geschmeide mit. Zur Gefolgschaft der Königstochter gehörten tausend Handwerker und Meister mit ihren Familien, ihrer Habe und Werkzeuge. Mächtige Elefanten, edle Pferde und Wagen wurden ebenfalls eingeschifft.

Die vollbeladenen Schiffe legten auf Lanka an; es dauerte mehrere Tage, bis sie entladen waren.

Als Vijaya die Nachricht erhielt, daß die Schiffe, auf denen die angehende Fürstin und ihr Gefolge fuhren, in Sicht waren, sprach er zu Kuveni:

«Ich habe Menschen an meinen Hof geladen, die aber fürchten die Dämonen; sie würden auch dich fürchten. Deshalb mußt du, meine Liebe, zu deiner Sippe zurückkehren.»

Das Herz wollte Kuveni vor Jammer brechen.

«Habe ich dich nicht genügend unterstützt, habe ich dir nicht treu gedient, daß du, mein Herr und Gebieter, mich verjagst? War ich deinen Kindern keine gute Mutter? Ich habe keine Zufluchtsstätte. Die Dämonen werden mich in ihrer Mitte nicht dulden; in ihren Augen bin ich eine Verräterin.»

«Geh nur, geh! Du wirst dich nicht unterkriegen lassen, deine Zauber verleihen dir Macht», warf Vijaya so nebenbei hin.

Kuveni weinte zum Steinerweichen, doch der Herrscher wurde nicht weich. Da verließ sie mit ihren Kindern die Stadt Tambapanni. Sie ging in das Land, wo sie aufgewachsen war; dort wollte sie ihren Oheim um Hilfe bitten. Nachdem sie die Kinder an einem sicheren Ort zurückgelassen hatte, schickte sie sich an, in das Haus des Oheims zu schleichen. Da erspähten sie die Dämonen.

«Was suchst du hier, Verräterin? Willst du uns ein zweites Mal verraten?» schrien sie. Noch ehe sich Kuveni rechtfertigen konnte, fielen die erbosten Dämonen über sie her.

Kuvenis Oheim fand die Kinder in ihrem Versteck. Er betrachtete sie mit prüfenden Blicken und fragte.

«Wer seid ihr?»

«Vijaya ist unser Vater, Kuveni ist unsere Mutter», antworteten die Kinder.

«Zur unguten Stunde seid ihr gekommen, liebe Kinder!» sagte der Oheim und rang die Hände. Er flüchtete mit ihnen in die Berge, denn es sollte sie nicht das gleiche Los treffen wie die Mutter. Erst als sie den Gipfel des höchsten Berges erklommen hatten, machten sie halt.

Die Kinder wuchsen in einer von Dickicht umgebenen Hütte auf; sie waren Jäger und Sammler. Eines Tages begegneten sie einer Gruppe von Jägern, die mit ihren Familien durch die Wälder zogen; diesen schlossen sie sich an.

Kuvenis Kinder und Kindeskinder blieben in den dichten Wäldern. Gegen Eindringlinge setzten sie sich zur Wehr; sie waren gefürchtet. Man gab ihnen den Namen Wedda.

Die aus Madurai kommenden Schiffe legten im Hafen von Tambapanni an. Die Abgesandten des Königs traten vor Vijaya hin, machten eine tiefe Verbeugung und sagten:

«Wir überbringen dir einen Gruß und eine Botschaft von unserem Herrn; er hat uns seine Tochter, die lieblich ist wie die Morgenröte, und ihre Gefährtinnen anvertraut.»

Dann stellte Vijaya den Gästen die Männer seiner Gefolgschaft vor und gab seinen Segen zum Bund, den diese mit den Jungfrauen aus Madurai eingingen.

Die Fremdlinge wünschten ihrem Gastgeber:

«Mögen die Menschen in deinem Reich ein ruhiges und zufriedenes Leben führen!»

Nichts stand mehr der Krönung Vijayas im Wege. Nachdem man ihm die Makuta aufgesetzt hatte, nahmen er und seine blutjunge Gemahlin mit dem nachtfarbenen Haar unter der Tschatta Platz. Noch am

Krönungstag verteilte er an seine Gefolgschaft, an die Abgesandten und die Handwerker aus Madurai reiche Gaben.

Seither sandte er alljährlich dem Vater der Königin wunderschöne und kostbare Perlen als Dank und Ehrenbezeigung.

Vijaya, der einst mit seinen Kumpanen zahlreiche Missetaten begangen hatte, war ein mächtiger und gerechter König; seine Regierungszeit war eine Friedenszeit.

Dic Herrscher, die von ihm abstammten, zeichneten sich durch Löwenmut aus.

Die goldene Lotosblume

In alten, uralten Zeiten herrschte im fernen Osten ein mächtiger König. Er und seine junge Gemahlin waren glücklich; sie waren überglücklich, daß binnen kurzem der königliche Palast vom Lachen und Weinen eines Kindleins erschallen würde.

An dem Tag, an dem die Königin niederkommen sollte, fanden sich die großen Seher des Landes zusammen und lasen aus den Sternen. Danach trat der Älteste vor den König hin und sagte:

«Vergib mir, mein Herr und Gebieter, daß ich dir eine Eröffnung mache, die dich betrüben wird. Schenkt die Königin in dieser Nacht einem Knaben das Leben, so wird dir dieser Freude und Glück bescheren, er wird deinem Reich eine rechte Stütze sein. Schenkt jedoch die Königin einem Mädchen das Leben, so wird dir dieses Unglück bringen; deshalb sollte es keinen Tag in deinem Reich verbleiben.»

Die Königin brachte ein Mädchen zur Welt, das einer goldenen Lotosblume glich. Der König geriet in große Angst, als man ihn davon in Kenntnis setzte.

«Oh, ungute Stunde!» rief er und rang die Hände. «Welch ein Unglück! Gibt es denn keine Möglichkeit, es abzuwenden?»

Der König rief seine Berater zusammen und beratschlagte lange mit ihnen; dann forderte er die Seher auf, nochmals die Stellung der Gestirne zu studieren. Diese taten es und gelangten wieder zu dem Schluß, die Königstochter dürfe nicht im Lande bleiben. Da fügte sich der König, er senkte den Kopf und vergoß bittere Tränen. Dann bettete er sein Töchterchen in ein Boot aus Sandelholz und machte dieses los. Der Wind blähte die Segel. Die Wellen bemächtigten sich des Boots; sie schaukelten es und trugen es fort vom Gestade.

Das Boot trieb auf den Wellen; schließlich strandete es an der wunderschönen Insel Lanka, in der Nähe der Residenz.

In den frühen Morgenstunden kamen Fischer an den Strand, die entdeckten das Boot; das Weinen der kleinen Königstochter hatte sie aufhorchen lassen. Das Kindlein lächelte die Männer, die es aus dem Boot hoben, an.

Ein alter Fischer sagte zu seinem Sohn:

«Mach schnell! Trage das Kindlein in den Palast des Radschas und melde, wie wir es gefunden haben. Nach dem Boot aus kostbarem Sandelholz und nach dem Schmuck, den das Kindlein an Armen und Beinen trägt, zu schließen, hat das Mädchen in einem Palast das Licht der Welt erblickt.»

Die Devi nahm das kleine Mädchen, das einer goldenen Lotosblume glich, auf den Arm und wollte sich von ihm nicht trennen; auch der Radscha nahm es liebevoll auf. Das Herrscherpaar war kinderlos, deshalb sah es das fremde Kind als Geschenk des Himmels an.

Der Radscha und die Devi erzogen das Mädchen, als wäre dieses ihr eigen Fleisch und Blut. Sie ließen es unterrichten und es eignete sich Kenntnisse und Fähigkeiten an, die ein Herrscher besitzen sollte. Als es auch die Waffen zu handhaben wußte, da bestimmte der Radscha, es solle ihm auf dem Thron folgen.

Zur Zeit, da die Radschini, die einer goldenen Lotosblume glich und das Wissen eines Gelehrten besaß, die Regierung übernahm, las ein weiser Fürst, auf dem fernen Festland in einer alten Schrift. Er las von der Insel Lanka und dem aus dem Meer ragenden Felsen, der vom himmlischen Berg Meru abgebröckelt war, als die Götter dort einen Kampf austrugen.

Der Fürst nahm sich vor, eine löbliche Tat zu vollbringen; er wollte den Felsen suchen und auf seiner Spitze einen Tempel errichten lassen. Deshalb ließ er ein Schiff mit Kostbarkeiten beladen und schiffte sich mit den besten Handwerkern des Landes ein.

Sie fuhren über das Meer. Als sie die von Grün überwucherte Insel Lanka erreichten und eine tiefe Bucht entdeckten, rief der Fürst aus:

«Hier wollen wir an Land gehen!»

Ihr Schiff legte an einem geschützten Ort, in unmittelbarer Nähe des in die Höhe ragenden Felsens an.

Sie waren noch dabei, mit ihren Geräten und ihren Schätzen den Felsabhang zu erklimmen, da benachrichtigte schon ein von den Fischern entsandter Eilbote die Herrscherin von der Ankunft der Fremdlinge und deren seltsamem Gehabe.

Die Herrscherin ließ vier Ruderboote mit Waffen beladen. Erst schifften sich die Ruderer, die Krieger und die Befehlshaber der Wache ein, dann bestieg die Herrscherin das größte der Boote. In den Abendstunden langten sie am Felsen an.

Die Fremdlinge zündeten eben ein großes Feuer an, gossen Kokosmilch und streuten duftende Blumen in die See; aus tiefem Herzen dankten sie dem Meer, daß seine Wellen sie unversehrt ans Ziel getragen hatten. Der Fürst wandte sich dem Meer zu und verbeugte sich — da wurde es plötzlich still, und der Schatten der Nacht senkte sich auf den Felsen nieder.

Die Herrscherin kehrte in die Residenz zurück. Am nächsten Morgen rief sie ihre Krieger zusammen und sprach:

«Gefahr ist im Anzug! Ein Eroberer hat den öden, in die Höhe ragenden Felsen besetzt; er beginnt schon Befestigungen zu errichten.»

Die Befehlshaber versammelten ihre Krieger und bewaffneten sie. Dann rückten sie zu Wasser und zu Lande gegen den Eroberer vor. Als sie den Felsen erreichten, empfing sie weder Waffengeklirr noch Kriegsgeschrei. Vier Abgesandte des Fürsten kamen auf sie zu.

«Wir haben nichts Böses im Sinn!» riefen sie von weitem.

Nach einiger Zeit kamen die Herrscherin und der Fürst zusammen. Der Fürst machte eine tiefe Verbeugung und sprach:

«Wir sind keine Eindringlinge, Herrin. Gestatte uns, hier auf der Felsenspitze einen Tempel zu errichten.»

Der Fürst unterbreitete dann der Herrscherin seinen Plan, auf dem öden, vom himmlischen Berg Meru abgebröckelten Felsen ein Obdach für müde Wanderer zu erbauen. Dort sollten diese alles Ungemach und alles Leid vergessen und neue Kräfte sammeln. Sie sollten so lange dort verweilen, bis ihr Herz von Frieden erfüllt sein würde.

«Fürwahr, das wird eine löbliche Tat sein», sagte die Herrscherin. Sie schenkte dem Fürsten den öden Felsen und das ihn umgebende Land und gestattete ihm, dort einen Bau auszuführen.

Die Bauarbeiten nahmen einen raschen Fortgang. Tausende von weißen Säulen strebten aufwärts, lange Baumreihen und Blumen, Züge von Göttern, Menschen und Elefanten traten aus ihnen hervor.

Die Herrscherin pflegte in Begleitung des Fürsten den prächtigen Bau zu besichtigen. Als die Steinmetzen und die Bildhauer den ersten Säulengang fertiggestellt hatten, reichte die Herrscherin dem Fürsten die Hand fürs Leben.

Lange Jahre führten sie ein ruhiges und glückliches Leben. Unter ihrer Herrschaft blühte das Land auf, und die Menschen hatten genug zu leben. Nach vielen Jahren wurden die Bauarbeiten abgeschlossen; der Tempel war von einzigartiger Schönheit.

Eines Tages, zu nächtlicher Zeit, entschlief die Herrscherin.

«Die goldene Lotosblume ist verblüht!» rief der leiderfüllte Fürst aus, dann verkündete er den Pilgern die Trauerbotschaft.

Den Tag darauf überließ er die Regierung seinem ältesten Sohn. Er verließ die Residenz, zog sich in den auf der Felsenspitze errichteten Tempel zurück und verwandelte sich dort in eine goldene Lotosblume. Lange Jahre wachte er über die Wanderer, die im wunderschönen Tempel alles, was sie bedrückte, vergessen sollten.

Jahrhundertelang ragten die Säulen in die Höhe, jahrhundertelang wachten sie über das Reich. Eines Tages kamen jedoch aus Übersee wilde, bis an die Zähne bewaffnete Männer, die zerstörten den Tempel. Sie warfen die Säulen um, stürzten sie ins Meer oder zerschlugen sie, um sie dann zum Bau ihrer Behausungen und ihrer Straßen zu verwenden. Der hohe vom himmlischen Berg Meru abgebröckelte Felsen blieb jedoch stehen; noch heute überragt er das Meer.

GESCHICHTEN VON MÄCHTIGEN HERRSCHERN

Eines Tages, in den späten Abendstunden, kam ein mächtiger Radscha an den Hof des Fürsten Ilangora. Er ritt einen weißen Elefanten, dessen Kopf sieben rote Edelsteine zierten. Zahlreiche Prinzen, Fürsten, Ratgeber und Würdenträger, Krieger und Wächter zählten zu seiner großen Gefolgschaft.

In jener Nacht wurden die Lagerfeuer nicht kalt; in den Gemächern des Palastes brannten so viele Lichter, daß dort Tageshelle herrschte. Sie rüsteten ein Festmahl; Pfeifer und Trommler vertrieben den Gästen die Langeweile.

Der Radscha hatte lange Kriege geführt. Oft hatte er seine Krieger angefeuert und um den Ausgang einer Schlacht gebangt; oft war es ihm gelungen, Eindringlinge aus seinem Land zu vertreiben und den Frieden zu erhalten. Trotz alledem griff er lieber zu einem Buch als zu dem von seinem Ahnen ererbten Schwert. Er ließ alte Baudenkmäler instandsetzen, neue Dörfer und Städte erbauen.

Jedes Jahr begab sich der Radscha in einen anderen Teil seines Reiches, um sich davon zu überzeugen, wie die Menschen dort lebten; diesmal zog er durch Ilangoras Land.

Der Radscha machte es sich bequem und sprach:

«Je älter ich werde, desto größer ist meine Freude, wenn ich Berge, Wälder und Gewässer, Bäume und Blumen sehe, die ich von Jugend auf kenne. Doch am meisten freut es mich, einen alten Freund umarmen zu können.»

«Du hast recht, lieber Freund», erwiderte Ilangora. «Jeder große König betrachtet es als das höchste Glück, wenn in seinem Herzen und in seinem Lande Frieden ist. Er schützt und schont das Leben; Mitgefühl und Barmherzigkeit sind seine höchsten Tugenden. Dem Feind tritt er mit der Waffe in der Hand entgegen und scheut im Kampf keine Opfer. Zahlreiche Geschichten von mächtigen und weisen Herrschern legen davon Zeugnis ab; deshalb lausche ich ihnen gerne.»

Der Straßenkehrer

In längst vergangenen Zeiten herrschten ruhmreiche Könige im Lande. Nach altem Brauch ließ jeder von ihnen der königlichen Stadt seine Förderung und den Baudenkmälern seine Pflege angedeihen.

Die Dagoben bargen kostbare Statuen aus Gold und Elfenbein, in Stein gehauene Tiere, mit Perlen und Edelsteinen übersäte, mit Gold- und Silberfäden durchwebte Stoffe. Blutrote Rubine, große eirunde Perlen, faustgroße azurblaue Saphire schmückten das Innere, Gold schmückte die Kuppeln der Dagoben.

Der junge Radscha Dutu hielt die Kultbauten in Ehren. Des öfteren nahm er selbst einen Besen und kehrte den Hof, damit kein einziges Staubkorn die Fliesen oder den goldgelben Sand verunreinige.

Dutu war nicht nur tapfer, sondern auch bescheiden. Unter seiner Herrschaft nahm das Land einen allgemeinen Aufschwung. Männer, die es verstanden, Edelsteine zu schleifen oder kostbare Stoffe zu weben, Gold- und Silberschmiede, Dichter und Sänger fanden im königlichen Palast eine freundliche Aufnahme; hin und wieder erschienen sie dort auf Einladung des Herrschers.

Doch es gab etwas, was dem Lande fehlte: Es fehlte ihm eine Devi. Immer wieder gaben die Berater des Radschas ihrem Herrscher zu bedenken, er möge sich vermählen.

«Habt Geduld, meine Herren, damit hat es keine Eile», sagte er beschwichtigend.

Eines Tages zeigten ihm seine Berater das Bildnis der jungen Radschini Sila. Sie erzählten ihm auch, sie sei ein bescheidenes und liebreizendes Mädchen, ihre Hände zauberten wunderschöne, mit Gold und Perlen bestickte Gewebe hervor, sie pflege mit ihren Gefährtinnen bei der Arbeit und beim Spiel zu singen und habe eine silberhelle Stimme. Dutu gefiel das Bildnis Silas.

Wie dem auch sei, Radscha Kiri, Silas Vater, der aus einem fernen Lande gezogen kam, erschien an Dutus Hofe. Die Berater und die Hofleute Dutus bereiteten dem mächtigen Herrscher des Nachbarlandes einen feierlichen Empfang. Dutu war nicht anwesend, er kehrte gerade den Platz vor einer Dagoba. Kiri mußte lächeln, als er sah, wie geschickt sich Dutu bei der Arbeit anstellte.

Der junge Radscha begrüßte höflich seinen Gast.

Nach einem üppigen Festmahl und einer erfolgreichen Jagd erkundigte sich der älteste Berater Dutus bei Kiri, ob dieser geneigt wäre, seine Tochter Sila mit Dutu zu vermählen. Er bemerkte, Kiri habe sich davon überzeugen können, daß Dutu ein junger und noch wenig erfahrener, aber edelmütiger Mensch sei; Kiri habe mit eigenen Augen gesehen, daß das Land unter Dutu einen nie dagewesenen Aufschwung nahm.

Kiri brach in lautes Gelächter aus und rief:

«Ich habe meine Tochter nicht in Seide gekleidet, man hat sie nicht gelehrt, Gold-, Silber- und Perlenstickereien anzufertigen und wie ein

goldenes Vögelchen zu tanzen und zu singen, um sie dann mit einem Gahalaja, einem Straßenkehrer — und wäre dieser auch von königlichem Geblüt — zu vermählen!»

Dutu, dessen Ehrgefühl verletzt war, brach in Zorn aus. Bald darauf rückte das von ihm befehligte Heer gegen Kiri vor.

Dutu hatte wenig Glück. Der Feind zersprengte seine Truppen und nahm die Verfolgung des Heerführers auf.

Da drangen die höhnischen Worte Kiris an Dutus Ohr:

«He! Warum ergreifst du die Flucht, Straßenkehrer Dutu? In meiner Stadt gibt es nicht nur zahlreiche Paläste und Höfe, sondern auch viele Besen. Ich will dich in Dienst nehmen!»

Dutu war es, als hätte ihn jemand mit der Lanze gestochen. Er raffte sich auf, und stürmte mit seinen Getreuen gegen den Feind an.

Kiri fiel im Kampfe und seine Krieger flohen. Die Getreuen Dutus nahmen sie gefangen und brachten sie an den königlichen Hof. Unter den Gefangenen war auch die schöne Sila, die Tochter des gefallenen Radschas; sie wurde vor den Sieger geführt.

Der König warf einen einzigen Blick auf das Mädchen, auf sein tränenüberströmtes Antlitz; da begann sein Herz heftig zu klopfen und zu pochen, es schlug wie eine Glocke. Doch der junge Radscha mäßigte sich und sprach mit Strenge zu seinem ältesten Berater:

«Führe das Mädchen fort und verheirate es mit dem erstbesten Straßenkehrer.»

Der alte Berater machte eine tiefe Verbeugung und sagte:

«Ich werde deinem Befehl gehorchen, mein Herr. Zu gegebener Zeit werde ich das Mädchen mit dem erstbesten Straßenkehrer verheiraten.»

Der weise Mann und seine Frau nahmen Sila bei sich auf und sorgten für sie, als wäre sie ihre leibliche Tochter.

Wochen und Monate vergingen. Die Berater unterließen es, den Herrscher daran zu erinnern, daß das Land eine Königin brauchte. Und Dutu schien Kiri, seine beleidigenden Worte und seinen Tod, vergessen zu haben.

Sila lebte allmählich auf, denn der alte Berater und seine Frau waren zu ihr zärtlich und fürsorglich. Mit soviel Liebe hatte man die Prinzessin nicht einmal im elterlichen Palast umgeben.

Eines Tages, in den frühen Morgenstunden, nahm der alte Berater die Prinzessin bei der Hand und führte sie durch blühende Gärten. Sie gelangten zum königlichen Palast und machten dort halt. Von ihrem Standort aus konnten sie den Radscha sehen. Dutu kehrte den Platz vor einer Dagoba; er hielt eine Weile in seiner Arbeit inne und wischte sich den Schweiß von der Stirne. Als er aufschaute, erblickte er seinen Berater und ein fremdes Mädchen. Sila schien ihm das schönste und lieblichste Mädchen zu sein, das er je gesehen hatte. Nach einer Weile faßte er sich und fragte seinen Berater, wer das Mädchen sei.

«Mahipati, ich möchte deinem Befehl nachkommen und mein Pflegekind, Prinzessin Sila, mit dir vermählen. Du befahlst, sie solle den erstbesten Straßenkehrer ehelichen. Du bist doch der erste und der beste von allen, ich zweifle nicht daran: Wenn du, Mahipati, der Prinzessin die Hand fürs Leben reichst, wirst du allzeit glücklich sein.»

Ohne viel zu überlegen, willigte König Dutu ein. Er trat auf seinen Berater zu, und der Greis legte die Hand der Prinzessin in die des Königs. Dutu und Sila lebten glücklich zusammen. Lange herrschten auch ihre Nachkommen zur Zufriedenheit des Volkes.

Der größte aller Könige

In alten, uralten Zeiten herrschte auf der Insel Lanka der mächtige Radscha Gajabahu. Schon in jungen Jahren vollbrachte er viele kühne Taten; wenn Fürsten und Könige diese rühmend erwähnten, schwoll ihm die Brust. Er bildete sich ein, er sei der beste und mächtigste Radscha.

Eines Tages, als er unter einem dichtbelaubten Baum ruhte, erinnerte er sich der Kämpfe, in denen er sich hervorgetan hatte. Er dachte: Ich bin der größte Radscha, den es je gegeben hat und den es je geben wird.

Da flog eine Krähe, die auf dem Baum gesessen hatte, auf und krähte:

Kraa-haha! Sie flog vorbei und krähte ein zweites Mal: Kraa-kraa-ha-ha-haha!

Es machte den König wütend, daß eine gemeine Krähe es wagte, ihn zu verhöhnen. Sogleich schickte er in alle vier Himmelsrichtungen Trommler aus, die verkündeten:

«Wer die Krähe, die den Radscha verhöhnt hat, fängt und dem Herrscher überbringt, erhält eine reiche Belohnung.»

Als die Leute in der Stadt die Verlautbarung hörten, zuckten sie nur mit den Achseln und meinten:

«Hast du eine Krähe gefangen, was dann? Wie kannst du den Radscha davon überzeugen, daß das die Krähe ist, die ihn verhöhnt hat?»

Die Dorfbewohner lachten Tränen und riefen:

«Wer weiß, wohin der Wind die Krähe getragen hat?» Sie fanden Krähen nicht beachtenswert.

Auch eine alte Witwe, die unweit der Stadt wohnte, hörte die Kunde. Sie ging in den Palast und ließ sich beim Radscha melden. Sie machte vor dem König eine tiefe Verbeugung und sagte:

«Mahipati, ich werde die Krähe fangen!»

«Kannst du das? Sag, gute Frau, was benötigst du dazu und was möchtest du als Belohnung erhalten?» fragte der erfreute König.

«Ich brauche eine Frau mit einem Baby, das weder sprechen noch laufen kann, sowie Speise und Trank für beide.»

«Wieviel brauchst du?»

«So viel, daß sie gut versorgt sind, bis wir die Krähe gefangen haben», erwiderte die Alte.

Der König schickte der Witwe Lebensmittel, und die Alte nahm eine Nichte mit ihrem Söhnchen bei sich auf. Es ging ihnen gut, denn sie hatten ihre täglichen Mahlzeiten.

Am nächsten Tag ging die Alte auf eine am Waldrand gelegene Wiese und streute den Krähen Reis hin, dann gab sie dem Knäblein ein Spielzeug und setzte es auf die Wiese. Sie lag auf der Lauer. Zwei Krähen kamen geflogen und pickten die Reiskörner auf.

Auch an den darauffolgenden Tagen streute die Alte Reis. Am zweiten Tag lockte sie sieben Krähen und am dritten Tag eine ganze Schar von Krähen an. Das Knäblein saß inmitten der Vögel; es erlernte ihre Sprache, ehe es die Sprache der Menschen beherrschte. Die Zeit verflog. Das Kind wurde groß und stark, es plapperte den ganzen Tag; es hatte eine scharfe Zunge.

Eines Tages sagte die Alte zu dem Kleinen:

«Solltest du hören, daß sich eine Krähe brüstet, sie habe den Radscha verhöhnt, so fange sie und gib sie mir.»

Einige Zeit verging. Eines Tages kam eine große Schar von Krähen geflogen; sie balgten sich miteinander, denn jede wollte ein Reiskorn ergattern. Da hörte das Knäblein eine erboste Krähe schreien:

«Du Nimmersatt! Du willst keine Ruhe geben! Man hat uns nur deshalb aus dem königlichen Garten vertrieben, weil du deinen Schnabel gewetzt und den König verhöhnt hast!»

Das Knäblein machte sich an die Krähe heran und packte sie. Vergebens zuckte sie, vergebens schlug sie mit den Flügeln, der Knabe hielt sie fest. Die Witwe kam gelaufen und sperrte die Krähe in einen geflochtenen Käfig, dann nahm sie den Kleinen bei der Hand und lief mit ihm in den Palast.

«Nun, Krähe, ist dir die Lust vergangen, mich zu verhöhnen?» rief der Radscha. «Verrate mir, weshalb du mich verhöhnt hast!»

«Du hältst dich wohl für den größten Radscha, Gajabahu.»

«Warum findest du das komisch? Ich bin doch mächtig; in dem entlegensten Winkeln der Insel rühmt man mich.»

«In der Tat, du bist ein großer und mächtiger Radscha. Ich habe einen Ring mit kostbaren Edelsteinen gesehen, der hat eine gewisse Ähnlichkeit mit deinem Ring. Diesen Ring, der hundertmal größer sein mag als der deine, trug ein Radschadhiradscha, der dich bei weitem übertraf. Deshalb habe ich gekräht.»

«Was weißt du von diesem Ring?» rief der Radscha aus.

Die Krähe bat um ihre Freilassung; dann wollte sie dem Radscha den Ring zeigen.

Gajabahu erklärte sich einverstanden. Er schwang sich auf sein schnellstes Pferd und ritt mit seiner Gefolgschaft der Krähe nach.

Sie kamen ins benachbarte Königreich. In der Nähe der Residenz zeigte die Krähe auf eine alte Befestigungsanlage und krähte:

«Hier müßt ihr graben. Im untersten Gewölbe findet ihr, was ihr sucht.»

Sie gruben und gruben, doch vergebens. Es fehlte nicht viel, so hätten die erbitterten Männer die Krähe totgeschlagen. Die Nacht brach herein, da hatten sie sich endlich durchgearbeitet. Ein blendendes Licht verbreitete sich im dunklen Raum: In einer beschlagenen Truhe lag ein riesiger, mit zahlreichen Edelsteinen geschmückter Ring. Der Radscha stieß Laute der Bewunderung aus, als man ihm den Ring überreichte. Er hob ihn in die Höhe, da leuchtete der Ring auf; man hätte meinen können, der Radscha trage eine Krone. Der Ring entglitt ihm, streifte seine Schulter und fiel klingend zu Boden.

Gajabahu wurde nachdenklich. Als sie das Gewölbe verließen, sagte er:

«Lasset die Krähe frei!»

Am nächsten Tag gewährte der Radscha der Witwe und ihrer Nichte Aufnahme in seinem Palast. Den fähigen Knaben ließ er unterrichten; später nahm er ihn in Dienst.

Dem Ring, zu dem ihm die Krähe verholfen hatte, räumte der Herrscher in seiner Schatzkammer einen Ehrenplatz ein und ging des öfteren hin, um ihn zu betrachten.

In späteren Jahren bestand Gajabahu viele harte Kämpfe; er vertrieb
seine Feinde aus dem Lande und häufte große Schätze an.
Er war ein gerechter Herrscher, doch niemals mehr brüstete
er sich, er sei der größte aller Könige.
Heute noch besingt das Volk die Heldentaten
Gajabahus.

König Tara
und der Bettler

Es war einmal ein Radscha auf der Insel Lanka, der Gerechtigkeit walten ließ und sein Reich gegen Feinde und Eindringlinge verteidigte. Unter seiner Herrschaft blühte das Land auf. Die Höflinge schmeichelten dem Herrscher, er zeichne sich vor anderen Radschas aus, und nannten ihn Tara.

Tara hatte eine einzige Schwäche: Er liebte das Würfelspiel und mußte häufig große Spielverluste hinnehmen. Eines Tages saß er beim Würfelspiel. Es schien, als ob ihm das Glück hold wäre, denn er hatte allen Höflingen das Geld abgenommen. Er war außer sich vor Freude und glaubte, er sei ein Kind des Glücks.

Da kam ein Bettler an den königlichen Hof. Er machte vor dem Radscha eine tiefe Verbeugung und sagte:

«Ich bitte um die Gunst, mit dir, Mahipati, spielen zu dürfen.»

«Du bist dreist!» sprach Tara und lachte. «Ich soll mit dir, einem Bettler, spielen? Und was soll der Einsatz sein? Reiskörner?»

„Ich setze alles, was ich habe, aufs Spiel.»

Tara wälzte sich vor Lachen.

«Es sei! Wenn du um jeden Preis verlieren willst! Aber du darfst im Lande nicht verbreiten, ich habe dich um dein ganzes Geld gebracht. Du mußt es dir selbst zuschreiben, wenn du dein schwer erbetteltes Geld verlierst.»

«Baue nicht auf dein gutes Glück!» brummte der Bettler in den Bart.

Tara verlor die erste und auch die zweite Partie. Nach und nach verspielte er sein Gold, sein Silber und seine Schätze, dann seinen Palast und zuletzt Krone und Reich. Nun war er der elendste Bettler der Stadt, er besaß nur noch einen Bettelstab.

In den frühen Morgenstunden schnürte Tara sein Bündel, dann nahm er seine Gemahlin bei der Hand und verließ mit ihr die Residenz.

Der Bettler nahm ein Bad, ließ sich mit duftenden Salben einreiben und in kostbare Gewänder kleiden, besichtigte den Palast, die Residenz und seine im Spiel gewonnenen Schätze. Er setzte die Makuta auf und bestieg den Thron, über dem sich die Tschatta wölbte. Hätte er eine schöne, junge Frau gehabt, so wäre sein Glück vollkommen gewesen.

Tara und seine Gemahlin gingen immer weiter. Zu Mittag, als die Hitze unerträglich war, gönnten sie sich eine kurze Ruhepause. In den Dämmerstunden konnten sie sich nur noch mit Mühe aufrecht halten.

Sie waren so müde und so niedergeschlagen, daß es sie weder nach Speise noch nach Trank, wohl aber nach Ruhe verlangte. Sie fanden eine leerstehende Hütte. Die Königin schlummerte ein, König Tara hingegen konnte keinen Schlaf finden. Er zermarterte sein Hirn und gelangte zu dem Schluß, daß sich seine Gemahlin ohne ihn leichter durchs Leben schlagen werde. Er wollte ihr nicht die Schmach antun, mit einem bettelarmen König, einem Spieler, leben zu müssen. Als der Morgen graute, schlich er aus der Hütte und eilte davon.

Der Lärm, den eine nahende Karawane machte, rüttelte Taras

Gemahlin aus dem Schlaf. Sie sah, daß sie allein in der Hütte war, und brach in Tränen aus. Sie rief und suchte Tara. Die vorbeiziehenden Kaufleute und Treiber halfen ihr bei der Suche, doch sie entdeckten keine Spur. Es war, als ob der Erdboden Tara verschluckt hätte.

«Schließ dich unserer Karawane an, komm mit uns in die nächstgelegene Stadt, gute Frau», sagten die Kaufleute.

Taras Gemahlin nahm das Angebot der Kaufleute an. Sie zogen durch dichte Wälder; die verschlungenen Äste der Bäume verdeckten den Himmel. Plötzlich sprang ein Leopard von einer hohen Palme und warf sich auf einen vor einen Wagen gespannten Büffel. Die Verwirrung war groß: Die Büffel rannten davon, die Wagen stürzten um oder gingen in Stücke, die Ladungen lagen am Boden umher. Nachdem sie den Leoparden verjagt hatten, reparierten die Treiber die Wagen, und die Kaufleute suchten ihre Waren zusammen; dann zogen sie weiter.

In Begleitung eines alten Kaufmanns gelangte Taras Gemahlin in eine Stadt. Sie dankte dem Greis für seine Hilfe, und er verabschiedete sich von ihr, ohne zu ahnen, wem er einen Dienst erwiesen hatte.

Lange wanderte die Königin ziellos durch die Gassen der fremden Stadt. Schließlich blieb sie neben einer Blumenhändlerin stehen und sah dieser bei der Arbeit zu. Sie reihte Blume an Blume, Farbe an Farbe und flocht Kränze, von denen einer schöner war als der andere; ihre Fingerfertigkeit war bewundernswert.

«Ich wäre dir gerne behilflich», sagte Taras Gemahlin mit leiser Stimme.

«Ich könnte eine geschickte Gehilfin gut brauchen», erwiderte die Blumenhändlerin. «Du kannst mir Blumen aus dem Garten holen und Kränze austragen.»

Fortan diente Taras Gemahlin der Blumenhändlerin. Vom frühen Morgen bis zum späten Abend war sie auf den Beinen. Sie hatte alle Hände voll zu tun; es blieb ihr keine Zeit, viel nachzudenken. Nur wenn sie an Tara dachte, stiegen ihr die Tränen in die Augen.

Eines Tages, als sie im königlichen Palast die Sitzgelegenheiten mit Blumen schmückte, wurde der Abgesandte eines benachbarten Königreiches ihrer gewahr. Er betrachtete sie mit prüfenden Blicken, schüttelte den Kopf und machte vor ihr eine tiefe Verbeugung. Die Höflinge verwunderten sich sehr darüber und erzählten dem Radscha, was sie gesehen hatten.

«Wer weiß, was das bedeuten mag! Unser Gast hat dem Blumenmädchen gleiche Ehrenbezeigung geleistet wie dir, Mahipati und deiner Gemahlin!»

Der Radscha wußte nicht, was er davon halten sollte. Die Sache ging ihm im Kopf herum; schließlich bat er den Abgesandten des benachbarten Königreiches um Aufklärung:

«Sie ist eine Devi, und ich habe sie stets wie eine Devi gegrüßt. Sicher hast du, Mahipati, von König Tara gehört, der seinen ganzen Besitz — sein Gold und Silber, seinen Palast und sein Reich — verspielt hat und zum Bettler geworden ist. Ich weilte des öfteren an seinem Hofe; deshalb hege ich keinen Zweifel, daß das Blumenmädchen Taras Gemahlin ist.»

Der greise Radscha rang die Hände.

«Wie gut, daß du, Ajija, mit offenen Augen durch die Welt gehst! Meine Gemahlin und die Mutter des vermeintlichen Blumenmädchens sind Schwestern; und wir waren ahnungslos!» Es dauerte nicht lange, da umarmte die greise Königin ihre Nichte. Sie tat, als wäre ihre Lieblingstochter von einer langen Reise heimgekehrt; sie erwies Taras Gemahlin Gefälligkeiten, ließ ihr ein duftendes Bad bereiten und kostbare Gewänder anlegen.

Die junge Frau hätte wieder ein sorgloses Leben führen können, hätte sie nicht um Tara bangen müssen.

Tara beabsichtigte, in einer Stadt, wo ihn niemand kannte, Dienst zu suchen; deshalb schlug er den Weg in das benachbarte Königreich ein. Auf dem Pfad, der sich durch ein Dickicht wand, erblickte er plötzlich eine Schlange. Er konnte sie weder umgehen, noch konnte er sie unschädlich machen, denn er war unbewaffnet.

Was nun? Ich muß umkehren oder die Schlange überspringen! dachte Tara. Er wollte Anlauf nehmen, da richtete sich die Schlange auf und spritzte ihm Gift ins Gesicht. Tara wurde auf einem Auge nahezu blind, die Haut auf der einen Seite seines Gesichts wurde wund, als hätte er sich verbrannt.

Mit Aufgebot aller Kräfte schleppte sich Tara in die nahegelegene Residenz. Dort hörte er, daß die Lieblingsstute des Radschas ein Fohlen zur Welt gebracht hatte und daß man einen Pferdeknecht suchte, der beide Tiere betreuen sollte. Tara ging zum Pferdestall und bot seine Dienste an.

Der Stallmeister schaute den einäugigen Mann mit dem verunstalteten Gesicht an, schüttelte den Kopf und sagte:

«Was tun? Die Lieblingsstute des Radschas ist nicht nur ein edles sondern auch ein feuriges Roß. Ich nehme dich nur dann in Dienst, wenn dich die Stute heranläßt. Doch ich warne dich: So mancher Pferdeknecht hat sich hier einen Knochenbruch geholt!»

Tara hatte viele Pferde besessen; er war ein guter Reiter und hatte keine Angst vor feurigen Rossen. Das Fohlen schaute ihn an, beschnupperte ihn und wich nicht mehr von seiner Seite. Die Stute schnaubte und wieherte, doch sie bäumte sich nicht auf, als er ihren Kopf streichelte und sie dann striegelte, daß ihr Fell glänzte. Er wurde deshalb eingestellt.

Obwohl sich sein Gesundheitszustand allmählich besserte, mied Tara die Menschen. So blieb ihm verborgen, daß seine Gemahlin in der Residenz lebte.

Zu Ehren seiner Nichte lud der greise Radscha viele edle Herren an seinen Hof. Es erschienen nicht nur Könige und Königinnen sowie Fürsten und Fürstinnen mit großem Gefolge, mit edlen Rossen und geschmückten Elefanten, sondern auch Kaufleute aus aller Herren Länder.

Die ganze Residenz war auf den Beinen, der Palast war voller Glanz, und im Garten rüstete man ein Festmahl.

Tara versorgte die Stute und das Fohlen, aß ein wenig Reis und zog sich in den Pferdestall zurück. Er fand jedoch keine Ruhe; es drängte ihn, die hohen Gäste und seine ehemaligen Freunde zu sehen.

Die Gäste hatten schon gespeist. Die Dienerschaft räumte die Tafel ab und machte sich über die Speisereste her. Tara nahm keinen Bissen zu sich, er schenkte nur den Gästen seine Aufmerksamkeit. Plötzlich gewahrte er eine junge Frau, die ein kostbares Gewand mit Perlenstickerei trug. Er stand wie vom Blitz getroffen, hielt den Atem an und glaubte zu träumen; Tränen stürzten ihm in die Augen. Da erblickte die junge Frau den Pferdeknecht, sie betrachtete ihn mit prüfenden Blicken — und brach in Tränen aus.

«Worüber betrübst du dich, liebes Kind?» fragte die greise Devi.

Auch einige Gäste hefteten den Blick auf den Pferdeknecht und erkannten ihn.

Der greise Radscha ließ Tara ein duftendes Bad bereiten und ein prunkvolles Gewand anlegen. Dann saßen sie beisammen und wurden nicht müde, einander auszufragen. Sie unterhielten sich und vergnügten sich sieben Tage und sieben Nächte. Tara und seine Gemahlin vergaßen alle Mühsal, die sie erduldet hatten. Sie blieben in der Residenz und lebten mit dem greisen Königspaar in Liebe und Eintracht.

Der ungelehrige Prinz

Es war einmal ein König, der hatte einen einzigen Sohn. Der Knabe bereitete dem König viel Freude, doch als er ihn zusammen mit dem Sohn seines Ratgebers unterrichten ließ, erlebte er eine bittere Enttäuschung: Der Sohn des königlichen Ratgebers lernte spielend lesen und schreiben, der Prinz hingegen merkte sich keinen einzigen Buchstaben, obwohl sich sein Lehrer redliche Mühe gab.

Eines Tages erhielt der König vom Herrscher des Nachbarlandes einen Brief; er wollte mit seinem Sohn Ehre einlegen, deshalb reichte er ihm den Brief und sprach:

«Lies vor, was uns der Herrscher des Nachbarlandes schreibt!»

Der Prinz nahm das Schreiben, rieb sich erst die Stirn, dann die Augen, schaute sich um und lief aus dem Saal. Er hatte kein einziges Wort entziffert! Die Höflinge unterdrückten nur mit Mühe das Lachen. Der König hätte vor Scham in die Erde sinken mögen; er ließ den Lehrer seines Sohnes rufen und herrschte ihn an:

«Du hast dem Prinzen weder Lesen noch Schreiben beigebracht und wagst es, vor mir zu erscheinen?»

«Der Prinz ist ungelehrig! Ich bedauere, das sagen zu müssen, Mahipati. Ich habe verschiedene Lehrweisen ausprobiert; was immer ich auch sagte, ging bei dem Prinzen zum einen Ohr hinein und zum anderen hinaus. Der ältere Sohn deines Ratgebers hat am Unterricht teilgenommen; lasse ihn den Anfang des Briefes vorlesen. Den Schluß mag sein Bruder entziffern, der hat noch kürzere Zeit als der Prinz bei mir Unterricht genommen.»

Die Söhne des königlichen Beraters lasen den Brief vor; sie machten keinen einzigen Fehler und sprachen jedes Wort richtig aus.

Der König erzürnte sich über seinen Sohn und rief in Gegenwart seiner Gemahlin aus:

«Wehe, wenn er mir unter die Augen kommt! Ich werde nicht dulden, daß mir dieser Dummkopf Schande antut!»

Die Königin fürchtete, ihr Gemahl könnte den Prinzen seinen Zorn fühlen lassen. Sie versteckte den Sohn in einer Kammer, gab ihm ein Säckchen Reis und einen Geldbeutel; bei Anbruch des Tages schickte sie ihn in die weite Welt:

«Geh, lieber Sohn! Nur Mut! Ernähre dich redlich, lerne etwas Tüchtiges! Wenn sein Zorn verraucht sein wird, wird sich der König über deine Heimkehr freuen.»

Der Prinz umarmte seine Mutter und verließ in aller Heimlichkeit den Palast. Er ging und ging. Er wußte nicht, wie lange er unterwegs war, als er endlich in das benachbarte Königreich kam. Vor einer Schule am Rande der Stadt erblickte er einen alten Lehrer im Kreise seiner Schüler.

«Darf ich bei Euch bleiben?» fragte er mit leiser Stimme.

«Bleib nur hier! Du bist stark, du wirst mein Gehilfe sein: Du wirst Obst und Holz sammeln, aus Palmblättern Schreibmaterial herstellen und in der Küche Dienst tun. In deiner Freizeit kannst du auch etwas lernen.»

Der Prinz wohnte beim Lehrer und fühlte sich bei ihm wohl. Er schaffte Wasser und Holz herbei, heizte den Herd und kochte, hielt Ordnung im Haus und wusch Wäsche. Der Lehrer bestand nicht darauf, daß er lesen, schreiben und rechnen lernen sollte. Während der junge Kumara seine Arbeit verrichtete, konnte er jedoch dem Unterricht folgen; so erwarb er mit der Zeit die nötigen Kenntnisse.

Eines Tages entließ der alte Lehrer seine Schüler und er verabschiedete sich von ihnen. Zum Prinzen sagte er.

«Ich habe dich liebgewonnen, mein Sohn. Als du zu mir kamst, warst du ein Knabe, heute bist du ein gutherziger und tapferer Jüngling. Dein Wohlergehen liegt mir sehr am Herzen, deshalb will ich dir einige gute Ratschläge geben. Präge dir meine Worte tief ins Gedächtnis und beherzige sie, dann wirst du ein kluger und zufriedener Mensch sein.

Bevor du dich an einem unbekannten Ort niederläßt, vergewissere dich, daß dir keine Gefahr droht.

Lädt man dich zu Tisch, so iß erst, wenn die Gastgeber, ihre Leute oder ihre Tiere von den Speisen gekostet haben.

Findest du in einem fremden Haus Aufnahme, so geh nicht gleich zu Bett und magst du auch zum Umfallen müde sein.

Hüte dich, Gerüchten und dem ersten Eindruck zu trauen, denn der Schein trügt. Suche die Wahrheit und handle mit Bedacht.»

Der Prinz sagte seinem Lehrer Dank, dann machte er sich auf den Weg; er wanderte den ganzen Tag. Zu Mittag, als die Hitze unerträglich war, gönnte er sich eine kurze Ruhepause; als es Abend wurde, war er müde und hungrig.

Er fand eine alleinstehende Raststätte und fragte den Wirt, ob er etwas zu essen haben könnte.

«Selbstverständlich!» erwiderte die Wirtin, die bemerkt hatte, daß der Prinz einen prallen Geldbeutel bei sich trug. Sie flüsterte ihrem Mann zu, er solle den Gast unterhalten; inzwischen bereitete sie das Abendessen und rückte einen Hocker an die Stelle, wo sich unter einem dünnen Brett eine tiefe Grube befand. Dann bediente sie den Gast. Die wohlriechenden Speisen reizten die Eßlust des Prinzen; es fehlte nicht viel, so hätte er am Tisch Platz genommen. Eingedenk des ersten Rates seines Lehrers, rückte er den Hocker weg; da ging das dünne Brett entzwei, der Hocker und der Tisch stürzten in die Tiefe.

Der Prinz setzte seine Wanderung fort. Unter Aufgebot aller Kräfte erreichte er eine zweite Raststätte. Er prüfte die Sitzgelegenheit, nahm seinen Geldbeutel hervor und verlangte etwas zu essen.

«Gut», sagte der Wirt. «Während meine Frau das Essen bereitet, kannst du dich erfrischen.»

Die Wirtin setzte dem Prinzen Speisen vor, in die sie ein starkes Gift gemischt hatte. Es fehlte nicht viel, so hätte der Prinz den ersten Bissen zum Munde geführt. Eingedenk des zweiten Rates seines Lehrers, streute er den Hühnern der Wirtsleute etwas Reis hin, während er den Wirt fragte, welches der kürzeste Weg sei, der zur Residenz führe. Eine plötzliche Unruhe überkam die Hühner, sie schlugen mit den Flügeln — und fielen um. Der Prinz war ein zweites Mal dem Tode entronnen.

Der Prinz war halbtot, als er endlich in die Residenz gelangte. Eben bewegte sich ein prächtiger Zug durch die Stadt, an seiner Spitze ritt der Maharadscha auf einem Elefanten. Der Prinz verfolgte den Zug mit den Blicken; plötzlich wurde ihm schwarz vor den Augen, er fiel um und blieb vor dem Elefanten liegen. Das Tier blieb erst stehen, dann machte es einen Bogen um den Jüngling. Als der Maharadscha den Ohnmächtigen erblickte, befahl er seinen Dienern, ihn in den Palast zu tragen.

«Es fehlt ihm nichts, er ist bloß ausgehungert und übermüdet», sagte der greise Arzt, den man geholt hatte. Er empfahl, dem Prinzen Reisbrei mit Honig zu reichen.

Der Prinz erwachte aus der Ohnmacht und sagte, wer er sei. Da bereiteten ihm die Diener ein Bad, legten ihm ein neues Gewand an und geleiteten ihn zum Maharadscha.

«Willkommen, Fremdling», sprach der Maharadscha. «Sag mir, was dich zu uns führt und weshalb du Tag und Nacht, ohne Speise und Trank zu dir zu nehmen, gewandert bist.»

Der Prinz erzählte ihm alles; er erzählte von den Schwierigkeiten, die ihm das Lesen bereitet hatte, von seiner Flucht aus dem Elternhause und von dem, was er danach erlebt hatte.

«Wäre dein Vater fähig gewesen, dir ein Leid anzutun, nur weil dir das Lesen schwerfiel? Jähzorn ist ein schlechter Ratgeber! Du bist ein rechtschaffener Jüngling; wenn du willst, kannst du bei uns bleiben.»

Der Maharadscha, der eine einzige Tochter hatte, freute sich über die Ankunft des Prinzen; dieser sollte ihm den Sohn ersetzen. Nach einiger Zeit meinte er, man sollte den Prinzen vermählen. Er beratschlagte mit seinen Ratgebern und seinen Sehern und fragte auch den Prinzen nach seinem Wunsche.

«Schickst du mich nicht weg, Mahipati, so will ich bei dir bleiben.»

«Ich wäre überglücklich, könnte ich dich mit meiner Tochter vermählen», sprach der Maharadscha. «Leider ist das nicht möglich. Fragst du mich, warum, so verrate ich dir den wahren Grund: Ich will dich nicht verlieren. Würdest du meiner Tochter die Hand fürs Leben reichen, so wärst du todgeweiht. Noch niemand konnte mir sagen, was für ein Fluch über meiner Tochter liegt; weder meinen greisen Gelehrten und Sehern noch den Kräuterweibern unseres Landes ist es gelungen, das Geheimnis zu ergründen. Siebenmal hat sich meine Tochter vermählt, siebenmal ist sie Witwe geworden. Ob ihr Gemahl ein König oder ein Höfling war, ob er aus einem nahen oder einem fernen Land stammte, er starb in der Nacht nach der Hochzeit. Deshalb möchte ich dich nicht zu meinem Eidem machen.»

In ihrem Gespräch entstand eine lange Pause. Dann seufzte der Prinz auf und sagte:

«Wem ein langes Leben beschieden ist, dem kann der Tod nichts anhaben, wem beschieden ist, aus der Welt zu scheiden, den wird der Tod ereilen, wo immer er weilen mag. Solltest du mir gestatten, Mahipati, mich mit deiner Tochter zu vermählen, so werde ich mich glücklich schätzen.»

Der Maharadscha umarmte den Prinzen, dann ließ er die Hochzeit ausrichten und für die Neuvermählten ein Gartenhaus herrichten. Er

wagte jedoch nicht, Gäste zu laden, da er befürchtete, sie müßten am Tage nach der Hochzeit gleich einer Totenfeier beiwohnen.

Nach dem Hochzeitsfest zogen sich die Neuvermählten in das Gartenhaus zurück. Sie waren ruhebedürftig; bald überwältigte der Schlaf die junge Frau. Eingedenk der Ratschläge seines Lehrers, kämpfte der Prinz, gegen den Schlaf an; plötzlich ließ ihn ein seltsames Geräusch aufhorchen. Er sprang auf, riß sein Schwert aus der Scheide und wartete ab, was geschehen würde. Da sah er in der mondhellen Nacht, daß eine baumstarke Kobra vom Dach des Gartenhauses gekrochen kam.

Ein Fürst, ein verschmähter Freier der Prinzessin, hatte sich in die Schlange verwandelt. In dieser Gestalt nahm er Rache an jedem Mann, dem die Prinzessin die Hand fürs Leben reichte. Der Prinz schwang sein Schwert und schlug ihr den Kopf ab.

Am nächsten Morgen wagten die Diener nicht, sich dem Gartenhaus zu nähern. Zu ihrer großen Überraschung vernahmen sie ein fröhliches Lachen und erblickten die Prinzessin, die wie die liebe Sonne strahlte.

Der Maharadscha zögerte nicht länger und lud Herrscher und Würdenträger aus nah und fern an seinen Hof. Sie feierten sieben Tage und sieben Nächte lang.

Vielleicht hätten sie zweimal sieben Tage lang gefeiert, hätte der König nicht böse Nachrichten erhalten. Ein wildes Volk hatte das benachbarte Königreich überfallen; die Eindringlinge raubten und mordeten im ganzen Lande.

Der Maharadscha mußte seinem Nachbarn Hilfe leisten. Er sprach zum Prinzen:

«Nimm deine Waffen, rufe unsere Krieger zusammen und ziehe mit ihnen in den Kampf!»

Es war ein langer und schwerer Krieg. Sie kämpften gegen einen grimmigen Feind, errangen Siege und erlitten Niederlagen. Als sie endlich den Feind geschlagen und aus dem Lande vertrieben hatten, waren zwölf Jahre vergangen.

In der Abwesenheit des Prinzen brachte seine Gemahlin zur großen Freude des alten Maharadschas ein schönes Knäblein zur Welt. In den

Kriegsjahren wuchs dieses zu einem wohlgebauten und wohlgeratenen Jüngling heran.

Endlich war der Krieg aus. Zur Zeit, da der ruhmreiche Prinz heimwärts zog, waren Gerüchte im Umlauf; es hieß, der Gemahlin des Prinzen und dem alten Maharadscha leiste häufig ein schöner Jüngling Gesellschaft.

Auch der Prinz bekam diese Gerüchte zu Ohren. Sooft er sie vernahm, kochte er vor Wut; am liebsten hätte er sich aufs Pferd geschwungen und wäre mit gezogenem Schwert in die Residenz galoppiert. Doch jedesmal kamen ihm die Worte seines greisen Lehrers in den Sinn, und er zügelte seinen Zorn. Als die Gerüchte nicht verstummen wollten, dachte er: In jeder Rede ist ein Körnchen Wahrheit! In aller Heimlichkeit eilte er seinen Kriegern voraus.

Nach seiner Ankunft in der Residenz ließ der Prinz austrommeln, der Siegeszug würde am nächsten Tag die Stadt erreichen.

In den späten Abendstunden näherte er sich auf leisen Sohlen dem Palast und lugte in das Gemach seiner Gemahlin. Er sah, daß sie mit einem Jüngling beisammensaß und lachte. Eben wollte er sein Schwert ziehen, da fielen ihm die Worte seines greisen Lehrers ein: Hüte dich, dem ersten Eindruck zu trauen! Suche die Wahrheit!

Der Jüngling erblickte den fremden Krieger, sprang auf und rief:

«Mutter, liebe Mutter! Ein Fremder ist da!»

Die vor Schrecken sprachlose Prinzessin betrachtete den Krieger mit prüfenden Blicken und rief plötzlich:

«Mein Herr und Gebieter! Mein lieber Gemahl!»

Ihre Freude war namenlos.

Am nächsten Tag erzählte der Prinz dem greisen Maharadscha von den Kämpfen, die er und seine Krieger austragen mußten, und von den Siegen, die sie erkämpft hatten.

«Ich danke dir, lieber Sohn! Du bist die Zierde deines Geschlechts!» rief der greise Maharadscha.

Er lud die Eltern des Prinzen an seinen Hof und ordnete an, man solle die Heimkehr der Sieger im ganzen Land mit großem Pomp feiern. Zu

guter Letzt überließ er dem Prinzen Krone und Reich; nunmehr
konnte er ein ruhiges und glückliches Leben führen.
Der Prinz und seine Nachkommen waren
Herrscher, die Gerechtigkeit übten
und mit viel Geschick
regierten.

Der gütige Maharadscha
und der mißgünstige Fürst

Es ist lange, lange her — niemand kann sagen, wie lange es her ist —, da herrschte in einem mächtigen Reich ein Maharadscha. Seine Weisheit und seine Güte brachten ihm den Namen Honda der Gütige ein.

Eines Tages ging der Herrscher in der morgendlichen Kühle mit einer kleinen Gefolgschaft auf die Hirschjagd. Sie kehrten der von Felsenriffen umgebenen Stadt, ihren Palästen und Gärten, den Rücken und gingen in den dichten Wald. Plötzlich tauchte vor ihnen ein Wildschwein auf. Ehe die verblüfften Jäger seine Verfolgung aufnehmen konnten, entwich das Tier ins nahe Dickicht. Nur das Laub bewegte sich an der Stelle, wo es verschwunden war.

«Hier ist es, hier!» rief von Zeit zu Zeit einer der Jäger.

Auch der Maharadscha glaubte, das Wildschwein zu sehen und rief seinen Gefährten zu. Da ertönte aus der Ferne eine fremde Stimme:

«Hier ist es! Mir nach!»

Alle liefen der Stimme nach, allen voran der Maharadscha. Auf einmal herrschte Totenstille; niemand antwortete auf seinen Ruf.

Habe ich mich vielleicht verlaufen? dachte der bestürzte Maharadscha und sah sich um. Er war allein; ein undurchdringliches Gestrüpp umgab ihn. Er wußte nicht, wie er sich herausarbeiten sollte; trotzdem versuchte er, sich mit seinem Messer einen Weg zu bahnen. Von Zeit zu Zeit hielt er inne und pfiff auf seiner silbernen Pfeife; vergebens, niemand antwortete ihm, nur die Vögel sangen in den Bäumen.

Der Maharadscha geriet in Angst. Würde er den Morgen erleben, falls er die Nacht im Dickicht verbringen mußte? Er sprach sich Mut zu. Sicher wird man nach mir suchen! dachte er.

Bisweilen schien es ihm, als wäre er an einem bekannten Ort, als würde er auf den Weg, wo das Wildschwein sie überrascht hatte, zurückfinden, doch nichts dergleichen. Plötzlich lichtete sich das Gestrüpp, es gab den Weg frei. Der Maharadscha befand sich auf einer Lichtung; die glitzernde Oberfläche eines Sees dehnte sich vor ihm aus.

Nun ist alles gut! Hier will ich ausruhen und mich erfrischen; hier wird man mich schon finden! dachte der erfreute Maharadscha.

Da bemerkte er, daß er nicht allein war. Ein Jüngling lag am Strand vor einer Hütte; seine umwölkte Stirn glich einem mit Wolken bedeckten Himmel.

«Was fehlt dir, mein Lieber? Warum ist deine Miene so finster?» redete der Maharadscha den Jüngling an. «Kann ich dir helfen?»

Der Jüngling sah den Maharadscha verächtlich an und sagte:

«Bist du vielleicht Honda der Gütige, daß du mir gleich deine Hilfe anbietest? Warum sollte ich dir sagen, was mir Kummer bereitet? Du würdest mich sicher auslachen.»

«Ich würde dich bestimmt nicht auslachen, mein Lieber. Ich bin wirklich ein Radscha, und man nennt mich auch den Gütigen. Gerne helfe ich dir, du mußt mir nur sagen, was dir Kummer bereitet.»

Der Jüngling betrachtete den Maharadscha mit prüfenden Blicken, dann senkte er den Kopf.

«Entschuldige, Mahipati, ich ahnte nicht, daß du dich hierher verirrt hast. Ich heiße Teru und bin der Sohn deines alten Freundes Naga. Von Kindheit an pflege ich in trüber Stimmung zu sein. Es freut mich nicht, mich mit Freunden zu vergnügen; hingegen begeistere ich mich für schöne Blumen und die Weisheiten, die alte Schriften enthalten. Ich bin ausgezogen, um die stille, blumenreiche Welt kennenzulernen. Eines Tages habe ich mich im Dickicht verirrt und bin dann zu diesem See gekommen. Ich weiß nicht, wo ich mich befinde; ich weiß bloß, daß am Tage meiner Ankunft, in den Abendstunden, auf dem See eine regenbogenfarbene Lotosblume schwamm — es war die schönste Blume, die ich je gesehen habe. Rings um den Palast meines Vaters gibt es viele Seen und Teiche, die voll Lotosblumen sind; doch nicht einmal im Traum habe ich eine so schöne Lotosblume gesehen wie diese hier. Ich betrachtete sie, und im gleichen Augenblick wußte ich, daß mein Leben der Lotosblume gleicht. Ich muß sie gewinnen, damit ich weiß, was wahres Glück ist.»

«Wo ist die Lotosblume, die du begehrst?» fragte der Maharadscha. «Ich sehe keine Knospen, nur Blätter.»

«Diese Lotosblume blüht nur alle acht Tage», erwiderte der junge Fürst. «Nachdem ich die Hütte erbaut hatte, setzte ich mich unter einen Baum. Ich wollte warten, bis die Lotosblume erblüht war; dann wollte ich sie mit nach Hause nehmen. Es will mir nicht glücken, sie zu pflücken. Mag sein, daß überirdische Mächte die Hände mit im Spiele haben. Schon lange verzehre ich mich vor Begierde nach der wunderschönen Blume; das lange Warten macht mich krank.»

Honda der Gütige, wollte dem Jüngling behilflich sein, die Lotosblume zu pflücken. Die ganze Nacht und den darauffolgenden Tag saßen sie am Ufer des Sees; in den Abendstunden tauchte plötzlich eine Knospe der Lotosblume empor und erblühte vor ihren Augen. Es war die schönste Blume, die der Maharadscha je gesehen hatte; er meinte funkelnde Edelsteine auf der Wasseroberfläche zu sehen.

Der Jüngling streckte die Hand nach der Lotosblume aus, aber es gelang ihm nicht, diese zu sich heranzuziehen. Der Maharadscha zögerte nur eine kurze Weile, dann sprang er ins Wasser und tauchte in unmittelbarer Nähe der Lotosblume; er glaubte, es wäre leichter, die Lotosblume im Wasser zu pflücken. Plötzlich geriet er in einen Strudel, der riß ihn in die Tiefe.

In der Finsternis blitzte ein Licht auf. Der Lichtkegel verbreiterte sich, es wurde immer heller.

Der Maharadscha ging dem Licht nach, bis er trockenes Land betrat. Vor ihm lag eine wunderschöne Stadt mit Palästen aus Gold, Edelsteinen und Perlen, mit Statuen der Herrscher des Wasserreiches, mit Tausenden von Säulen, die Tiergestalten und Blumen zierten. Dem Maharadscha wollte es scheinen, daß dort alle Schätze der Welt angehäuft wären.

Der größte Palast stand am Ufer eines Sees mit kristallklarem Wasser. Darauf schwamm eine Unzahl von regenbogenfarbenen Lotosblumen, die möglicherweise noch schöner waren als die von Teru begehrte Blüte. Der Maharadscha streckte die Hand nach einer Lotosblume nahe dem Ufer aus und berührtc sie — da begann ein silbernes Glöckchen zu läuten. Von allen Seiten kamen Wächter gelaufen; sie bezichtigten den Maharadscha des Diebstahls, wollten ihn fesseln und ins Gefängnis werfen.

«Haltet ein! Habt Vernunft!» rief derMaharadscha. «Ich bin kein Dieb, ich wollte eine einzige Lotosblume pflücken!»

Die Wächter nahmen seine Rechtfertigung nicht zur Kenntnis; sie stürzten sich auf ihn wie Raubvögel auf die Beute. Da wurde Honda der Gütige wütend; er packte die Wächter und prügelte sie windelweich.

In dem Augenblick trat die Herrin des Wasserreiches aus dem Palast. Ihr schwarzes Haar schmückte ein mit Perlen besetzter Stirnreif, von dem ein mondheller Schein ausging.

«Wer bist du? Was suchst du hier? Wie konntest du es wagen, dich an meinen Wächtern zu vergreifen?» fragte sie mit Strenge.

Der Maharadscha senkte das Haupt und antwortete mit ruhiger Stimme:

«Ich bin in keiner bösen Absicht gekommen, oh Herrin!

Mein junger Freund, der sich am Ufer des Sees niedergelassen hat, begehrt eine Lotosblume; ihm wollte ich eine einzige Blüte pflücken. Deine Wächter haben mich deshalb des Diebstahls bezichtigt, sie wollten mich fesseln und ins Gefängnis werfen. Gestatte mir bitte, eine erblühte Lotosblume zu pflücken und zu meinem Freund zurückzukehren.»

Die Herrscherin lächelte ihm zu und sagte dann mit glockenklarer Stimme:

«Entschuldige, daß sich meine Wächter gegen dich vergangen haben. Ich sehe, daß du nicht nur stark und tapfer, sondern auch gütig bist. Jetzt aber wollen wir dich, so wie es einem seltenen Gast aus fernem Land gebührt, bewillkommnen.»

Der Maharadscha nahm eine ehrerbietige Haltung ein und bat die Herrin des Wasserreiches nochmals, ihm zum Zeichen der Gunst eine Lotosblume zu schenken und ihn zu entlassen.

«Wenn ich nicht zu ihm zurückkehre, wird mein Freund sicher betrübt sein. Mag sein, daß ich einmal wiederkomme!»

Die Herrin ging ans Ufer des Sees, pflückte einen Armvoll Lotosblumen und überreichte diese dem Maharadscha.

«Wann immer du kommen magst, wir werden dich mit offenen Armen aufnehmen und dir Blumen darbringen. Du bist ein edler Mensch, König Honda.»

Der Maharadscha tauchte mit dem Armvoll Lotosblumen auf. Der junge Fürst wollte seinen Augen nicht trauen und strahlte vor Freude, als er die regenbogenfarbenen Lotosblumen in Empfang nahm. Eines konnte er sich nicht erklären: Auf dem See schwamm eine einzige Lotosblume, der Maharadscha überreichte ihm jedoch einen Armvoll Blüten.

Der Maharadscha erzählte seinem Gefährten, was er erlebt hatte; er verheimlichte nichts. Da tat Teru, als habe ihn ein Unglück getroffen; er jammerte, rang die Hände und warf die seltenen Blumen weg.

«Warum habe ich dir verraten, daß ich eine Lotosblume haben wollte! Ich habe dir dazu verholfen, ins Wasserreich zu gelangen und von seiner Herrscherin einen Schatz zu empfangen.»

Der Maharadscha wurde zornig, beherrschte sich aber und sprach:

«Ich habe die Herrin des Wasserreiches gebeten, mir eine einzige Lotosblume zu schenken, weil du sie begehrst. Sie gab mir einen Armvoll Blumen; das ist der Schatz, den ich im Wasserreich gehoben habe. Jetzt ist mir eines klar: Es ist dir nicht an der regenbogenfarbenen Lotosblume gelegen. Du begehrtest sie bloß, weil sie unerreichbar war; jetzt hast du sie, deshalb brauchst du sie nicht mehr. Mißgunst trübt deine Freude; Feigheit hindert dich daran zu gewinnen, was du begehrst. Tauche bis auf den Grund des Sees und statte der Herrin des Wasserreiches einen Besuch ab. Merke dir: Dem Mutigen ist das Glück hold.»

Da hörte Honda der Gütige das Jagdhorn, das seine Treiber bliesen, und nach einer Weile auch die Stimmen seiner Begleiter. Ohne sich nach dem am Strand kauernden Fürsten umzusehen, eilte er davon.

Es dauerte nicht lange, da feierten in der festlich geschmückten Stadt Alte und Junge die Rückkehr ihres Herrschers.

Honda der Gütige herrschte noch lange Jahre; er war ein weiser und gerechter Herrscher.

GESCHICHTEN VON GERECHTEN UND SCHLAUEN RICHTERN

«Meide schlechte Gesellschaft, bemühe dich um die Aufnahme in gute Gesellschaft!» ist ein guter Rat, doch nicht jeder beherzigt ihn.
Nicht immer ist den Menschen die Bosheit anzumerken. Bis andere Leute dahinterkommen, daß sie wie faules Obst sind — außen gesund, innen faul — können sie viel Unheil anrichten. Könnten wir die bösen Menschen kenntlich machen, so wären wir besser dran.
Es kommt aber auch vor, daß sich ein redlicher Mann jäh als Schakal entpuppt, der darauf wartet, daß ihm die Raubtiere den Rest der Beute überlassen. Später tut er, als hätte er stets Treu und Redlichkeit geübt», sprach ein Richter, der im ganzen Land als ein weiser und gerechter Mann galt. Mußte der König in einem ernsten Rechtsfall ein Urteil fällen, so pflegte er sich mit diesem Richter zu beraten.
Der Richter kam gerne an Ilangoras Hof, denn er liebte den Fürsten wie einen leiblichen Bruder. In den prächtigen Sälen des Palastes gab er sich der Ruhe hin, und niemand wagte es, diese zu stören. Tagelang hüllte er sich in Schweigen, vertiefte sich in alte Schriften, aus denen er Belehrung schöpfte, und hing seinen Gedanken nach.
Abends pflegte er jedoch gesprächig zu werden. Er nahm schluckweise ein erfrischendes Getränk und bissenweise einen gewürzten Reiskuchen zu sich und begann zu erzählen.
Die Anwesenden wollten lustige und ernste Geschichten aus dem Leben der Richter hören. Sie umringten den Richter und hingen an seinen Lippen, denn es sollte ihnen keines seiner Worte entgehen. Der Richter, der ein ausgezeichneter Erzähler war, sprach von Haß und Neid, Dummheit und Bosheit, Habgier und Schlauheit, aber auch von der strafenden Gerechtigkeit.

Das Urteil des Radschas

Es war einmal ein Kaufmann, der nicht durch Handel, sondern durch Hehlerei reich geworden war. Ihn belieferten kleine Leute im ganzen Land, die stahlen, weil sie sonst verhungert wären. Der Kaufmann nahm ihnen die kostbare Beute für wenig Geld ab und verlangte immer mehr Diebesgüter. So mancher Hungerleider büßte seine Diebereien mit dem Leben, während der Kaufmann Schätze hortete und fürstlich lebte.

Auch redliche Handwerker brachte der Kaufmann an den Bettelstab. Er besaß billiges Raubgut, die Handwerker hingegen mußten Edelmetalle und Edelsteine, Schildpatt, Holz, Gewebe, Farben und anderes Material, das sie verarbeiteten, teuer bezahlen.

Eines Tages brachen drei dreiste Gesellen in den Palast des Radschas ein. Mit größter Vorsicht lösten sie einige Steine aus der Mauer heraus und schlüpften nachts wie Ratten durch die Bresche. Dann war es für sie ein leichtes, die Schatzkammern und die Truhen aufzubrechen. Sie füllten drei Säcke mit Kostbarkeiten und ließen diese in den Garten hinunter. Alles wäre gut gegangen, hätten nicht die Wächter des Radschas Schritte vernommen; sie fielen über die Diebe her, fesselten sie und warfen sie ins Gefängnis. In den Morgenstunden führten sie die Einbrecher dem Radscha vor.

«Sagt die Wahrheit!» sprach der Herrscher mit Strenge. «Ihr habt heute nacht einen Einbruch verübt; aus meiner Schatzkammer habt ihr drei Säcke voll Kostbarkeiten entwendet.»

Die ertappten Diebe bekannten sich zu der Tat. Was blieb ihnen schon anderes übrig?

«Ihr seid in meinen Palast eingedrungen und habt aus meiner Schatzkammer Kostbarkeiten entwendet; ihr habt euch des Diebstahls schuldig gemacht!» sprach der Radscha mit donnernder Stimme.

Eben wollte er das Urteil fällen, als der älteste Dieb sagte:

«Wir sind unschuldig, Mahipati!»

«Wer ist deiner Meinung nach der Schuldige?» fragte der Radscha überrascht.

«Der Maurer, der die Mauer errichtet hat», erwiderte der Dieb dreist. «Es war gar nicht schwer, die Steine herauszubrechen; der Mörtel war minderwertig, er bröckelte.»

Der Radscha ließ den Maurer holen und beschuldigte ihn, liederliche Arbeit geleistet und so den Dieben das Eindringen in die Schatzkammer ermöglicht zu haben.

«Ich bin unschuldig, Mahipati!» rief der Maurer und rang die Hände. «Ich bin ein pflichtbewußter Mensch und arbeite immer gewissenhaft. Mein Gehilfe hat den Kalk gelöscht und den Mörtel angemacht. Er ist dafür verantwortlich, daß der Mörtel minderwertig war, er ist der Schuldige.»

Wollte er Gerechtigkeit üben, so mußte der Radscha auch den Maurergesellen anhören. Er ließ diesen rufen und sprach zu ihm:

«Du hast dich sowohl gegen deinen Herrscher als auch gegen deinen

Meister vergangen, denn du hast einen minderwertigen Mörtel angemacht. Das ermöglichte es den Dieben, mehrere Steine aus der Mauer des Palastes herauszubrechen und aus meiner Schatzkammer drei mit Kostbarkeiten angefüllte Säcke zu entwenden.»

«Ich bin unschuldig, ich schwöre es dir, Mahipati!» rief der Maurergeselle.

«Das mußt du mir etwas näher erklären!» sprach der erzürnte Radscha. «Bröckelt ein guter Mörtel so sehr, daß man ihn mühelos entfernen und aus der Mauer Steine herausbrechen kann?»

«Als ich dabei war, den Mörtel anzumachen, ging eine schöne Frau an mir vorbei. Mag sein, daß sie eine Tänzerin war; sie ging langsam, lächelte mich an und schaute mir bei der Arbeit zu. Sie lenkte meine Aufmerksamkeit von der Arbeit ab, ich schaute sie an, ich mußte den Blick auf sie heften. Sie ist schuld daran, daß ich eine nachlässige Arbeit geleistet habe.»

Die Rede des Maurergesellen machte den Radscha neugierig; er wollte sich von der Schönheit der Frau überzeugen, deshalb ließ er sie suchen und vorführen. Als der Radscha sie erblickte, wunderte ihn das Betragen des Maurergesellen nicht mehr. Machte die Frau eine Kopfbewegung, so leuchtete auf ihrer Stirne eine große Perle auf und zog die Blicke auf sich. Machte sie einen Schritt, so klapperten ihre Armbänder, so läuteten goldene und silberne Glöckchen, die an ihren Fußknöcheln befestigt waren; diese Klänge schmeichelten sich einem ins Ohr.

«Warum lenkst du die Aufmerksamkeit arbeitender Menschen ab?» fragte sie der Radscha. «Wolltest du den Maurergesellen, der am Bau der Mauer Mörtel anmachte, auf dich aufmerksam machen? Er sah nur dich. Deinetwegen vernachlässigte er seine Arbeit; du bist schuld daran, daß der Mörtel bröckelte, daß die Diebe mühelos Steine aus der Mauer herausbrechen konnten.»

«Ich bin unschuldig, Mahipati!» rief die Schöne und brach in Tränen aus. «Ich war in Gedanken versunken, ich beachtete den Maurergesellen nicht. Der Goldschmied hat mir versprochen, meine zerrissene, mit Perlen besetzte Goldkette zu reparieren. Ich mußte ihn schon mehrmals an sein

Versprechen mahnen, er aber vertröstete mich von einem Tag auf den anderen. An jenem Tag wollte ich das Schmuckstück vom Goldschmied abholen und sann, ob dieser es endlich repariert hätte. Ich hatte Zeit, deshalb ging ich langsam und machte mehrmals halt. Der Goldschmied ist für den Diebstahl verantwortlich.»

Der Radscha ließ den Goldschmied holen.

«Warum hältst du die Leute zum Narren?» fragte er mit Strenge. «Du hast dein Versprechen, die Goldkette dieser Frau zu reparieren, nicht gehalten. Durch deine Unzuverlässigkeit hast du verschuldet, daß der Maurergeselle seine Arbeit vernachlässigte, daß die Diebe aus der Mauer meines Palastes Steine herausbrechen, in den Palast eindringen und drei Säcke voll Kostbarkeiten entwenden konnten.»

Der Goldschmied ließ den Kopf hängen und begann am ganzen Körper zu zittern. Er wußte nicht, wie er sich verteidigen sollte.

«Wer schweigt, bejaht! Du strafst dich Lügen, deshalb verurteile ich dich zum Tode. Ich lasse dich an einen Felsen schmieden, und der wildeste Elefant aus meiner Herde soll dich mit seinen Stoßzähnen durchbohren», sprach der Radscha.

Der Goldschmied senkte den Kopf tiefer und brach in Weinen aus.

«Vergebens weinst du. Du bist schuldig!» entschied der Herrscher.

Der Goldschmied schüttelte den Kopf und sagte:

«Ich will mit dem Schicksal nicht hadern; jeder Mensch muß einmal sterben. Ich bedauere nur den Elefanten. Wenn er mich, einen knochendürren Mann, durchbohren wird, so wird er sich an dem Felsen, an den ich geschmiedet sein werde, die Stoßzähne ausbrechen. Wenn er den niederträchtigen Kaufmann, den Hehler, der die redlichen Handwerker der Stadt an den Bettelstab gebracht hat, durchbohren würde, so wäre das anders: Der Kaufmann ist beleibt, der Elefant würde keinen Schaden nehmen.»

Das war auf den ersten Blick einleuchtend. Der Radscha ließ den Kaufmann holen und verurteilte ihn. Den übrigen Personen schenkte er die Freiheit; er bewirtete sie und feierte mit ihnen, daß er in dem schwierigen Rechtsfall ein gerechtes Urteil gefällt hatte.

Die entzweiten Kaufleute

Es war einmal in einer großen Stadt ein Richter, der dafür bekannt war: daß er weise und gerecht war. Dieben und unverträglichen, geizigen Menschen pflegte er harte Strafen aufzuerlegen. So war es auch in diesem Fall.

Vier Freunde trieben zusammen Handel. Sie kauften Baumwolle ein und lagerten sie in der Stadt. Einen Teil der Baumwolle verkauften sie, den Rest ließen sie zu weißem und farbigem, kariertem und gestreiftem Gewebe verarbeiten und verkauften es dann. Sie waren redliche Kaufleute, die ihr anständiges Auskommen hatten.

Da geschah es, daß sich Mäuse in ihrem Lager einnisteten. Die Nagetiere richteten großen Schaden an; sie nagten an den mit Baumwolle gefüllten Säcken, verschleppten Baumwollflocken und polsterten mit diesen ihre Nester aus. Es traf zu: Sie waren in Baumwolle gewickelt.

Die verärgerten Kaufleute kauften einen großen Kater; der sollte ihnen zu je einem Viertel gehören. Den Kaufpreis, die Pflege und die damit verbundenen Kosten teilten sie untereinander.

Der Kater sollte das Lager nicht verunreinigen. Machte er sich bei Regenwetter die Pfoten schmutzig, so ließ er es ruhig geschehen, daß ihm jeder Kaufmann eine seiner Pfoten reinigte. Er war zufrieden, schnurrte und fing Mäuse; auch die Kaufleute waren zufrieden.

Eines Tages verletzte sich der Kater die rechte Vorderpfote. Der Kaufmann, der diese Pfote zu reinigen pflegte, schmierte sie mit einer Salbe ein und umwickelte sie mit einem in Öl getauchten Lappen; dann verreiste er mit seinen Gefährten.

Der Kater trank seine Milch, dann wollte er auf einen über der Feuerstelle ragenden Balken springen. Er rutschte jedoch ab und berührte die glühende Kohle; da fing der mit Öl getränkte Lappen Feuer. Der Kater winselte vor Schmerz und lief in das Lager. Vom schwelenden Lappen an seiner rechten Vorderpfote fing eine Baumwollflocke Feuer; bald standen das ganze Lager und das Dach in Flammen. Ehe die erschrockenen Nachbarn gelaufen kamen, brannte das Lager nieder. Der Kater kam mit heiler Haut davon.

Die Kaufleute fahndeten nach dem Brandstifter. Als sie die Brandwunden des Katers sahen, wußten sie Bescheid. Drei von ihnen fielen über den vierten her; sie warfen ihm vor, den mit Öl getränkten Lappen verwendet und so den Ausbruch des Feuers verschuldet zu haben. Sie forderten von ihm, er solle ein neues Lager errichten lassen und den Schaden ersetzen.

«Freunde, nehmt doch Vernunft an!» rief der vierte Kaufmann. «Wer weiß schon, wie sich die Sache zugetragen hat. Wir sind lange Jahre Geschäftsfreunde; da wir sowohl die Arbeit als auch den Gewinn untereinander teilen, müssen wir alle für den Schaden aufkommen.»

«Nein! Nein! Nein!» riefen die anderen. Sie brachten die Sache unverzüglich vor den Richter.

«Erkennst du deine Schuld an?» fragte der Richter den Beklagten.

«Nein, Herr», erwiderte dieser. «Hat der Kater, der nur zu einem

Viertel mir gehört, den Brand verursacht, so will ich für ein Viertel des Schadens aufkommen. Bisher waren wir Geschäftsfreunde; wir haben alles gemeinsam gemacht, wir waren an allem zu gleichen Teilen beteiligt. Sogar den Kater, der in unserem Lager mauste, hat jeder von uns zu je einem Viertel bezahlt. Deshalb will ich nur ein Viertel des Schadens ersetzen.»

Der Richter wandte sich an die Kläger.

«Seid ihr damit einverstanden?»

«Nein, Herr», sagte der älteste Kaufmann. «Unser Geschäftsfreund hat einen mit Öl getränkten Lappen als Verband verwendet; die mit dem Lappen umwickelte Pfote des Katers hat das Feuer entfacht — deshalb bestehen wir darauf, daß der für den gesamten Schaden aufkommt, der dem Kater den Verband angelegt hat.»

Der Richter überlegte lange, er runzelte die Stirn.

«Sagt mir, Freunde, habt ihr den Kater mit der verbundenen Pfote laufen sehen?» fragte er nach einer Weile.

«Ja, das haben wir», erwiderten die Kaufleute.

«Sagt mir, wie ist er gelaufen?»

Die Kläger wußten nicht, worauf der Richter hinauswollte; sie gaben zu, der Kater sei auf drei Pfoten gelaufen.

«Auf den drei unverletzten Pfoten?» fragte der Richter.

«Ja, Herr», bejahten die Kaufleute die Frage.

«Wisset, nur die drei unverletzten Pfoten haben den Kater zu der glühenden Kohle und von dort ins Lager getragen. Hätte er diese nicht gebrauchen können, so wäre das Feuer nicht ausgebrochen. Es waren also diese drei Pfoten, die den Brand verursacht haben; deshalb müßt ihr drei für den gesamten Schaden aufkommen. Ich habe euch geduldig angehört und euren Streit entschieden: ihr könnt nach Hause gehen.»

So bestrafte der weise Richter die halsstarrigen Kaufleute.

Der Töpfer, der Kaufmann und der weise Richter

Es war einmal ein Töpfer, der lebte in der berühmten Stadt Jappanapattam. Er war nicht nur fleißig und tüchtig, sondern auch redlich und bescheiden. Kein Wunder, daß seine Ware auf dem Markte reißenden Absatz fand.

Der Töpfer hatte ein schönes Haus, das inmitten blühender Blumen und Bäume stand. Dort führte er mit seiner guten Frau und seiner Familie ein geruhsames Leben.

Als ihre einzige Tochter herangewachsen war, richteten der Töpfer und seine Frau die Hochzeit aus. Sie wollten das Allerbeste aufbieten, denn die Bewohner der Stadt sollten die Hochzeit ihrer Tochter noch lange rühmend erwähnen.

Der Töpfer faßte sich ein Herz und bat einen reichen Kaufmann, ihm drei Elefanten zu leihen.

«Ich will sie dir leihen, ich will es gerne tun; warum sollte ich dir die

Bitte abschlagen», sagte der reiche Mann huldvoll. «Aus diesem Anlaß sollen meine Elefanten neue Decken tragen; es sollen wunderschöne Decken sein. Du mußt für meine Elefanten gut sorgen, du mußt ihnen genug zu fressen geben. Meine Diener darfst du auch nicht vergessen; sie sollen sich noch lange daran erinnern, daß sie bei der Hochzeit deiner Tochter dabeigewesen sind.»

Der Töpfer war hocherfreut und wußte nicht, wie er dem Kaufmann danken sollte.

Am vereinbarten Tag kam eine Schar von Dienern mit drei Elefanten zum Haus des Töpfers. Der Kaufmann hatte so viele Diener entsandt, daß sie es vermocht hätten, im Palmenhain eine Elefantenherde zur Arbeit anzutreiben. Zwei Elefanten waren jung und kräftig, der dritte hingegen war altersschwach. Er bestand aus Haut und Knochen und konnte kaum auf den Beinen stehen.

Die Elefanten trugen neue Decken. Die gutgelaunten Hochzeitsgäste merkten deshalb nicht, daß eines der Tiere in einem jämmerlichen Zustand war. Sie saßen auf; an der Spitze des fröhlichen Festzuges, der sich zur Stadt bewegte, marschierten Musiker mit Pfeifen, Trommeln und Glockenspielen. Bekannte und Fremde riefen dem Brautpaar zu.

Da geschah ein Unglück. Dem altersschwachen Elefanten knickten plötzlich die Knie ein, er sank zu Boden, legte sich auf die Seite, holte Luft — und es war aus mit ihm. Die Menschen begossen das Tier mit Wasser, träufelten ihm einen duftenden Kräutertee in den Rüssel und machten allerlei Belebungsversuche. Doch es half kein Mittel. Die Leute weinten und klagten, schließlich nahmen sie dem Elefanten die Decke ab.

Der Töpfer begab sich zum Kaufmann.

«Ein Unglück ist passiert», jammerte der Ärmste und erzählte dem Kaufmann, was sich zugetragen hatte. «Ein erfahrener Mann soll den Schaden, den du erlitten hast, schätzen; ich will ihn dir ersetzen», sagte er mit einem Seufzer.

«Ich brauche weder einen erfahrenen Mann noch dein Geld», schrie der geriebene Kaufmann. Er tat so, als bebte er vor Wut, denn er hatte gewußt, daß der Elefant nicht mehr lange leben würde. «Ich will meinen liebsten Elefanten haben; ich habe dir einen lebenden und gesunden Elefanten geliehen, und den will ich wiederhaben.»

Der unglückliche Töpfer wiederholte seine Bitte, der Kaufmann möge den Schaden von einem erfahrenen Manne schätzen lassen.

«Nein! Nein!» rief der Kaufmann und stampfte mit dem Fuß auf. «Ich will von Schadensersatz nichts hören, ich will die Elefanten, die ich dir geliehen habe. Gibst du sie mir nicht zurück, so gehe ich morgen vor Gericht.»

Am nächsten Morgen führte der Kaufmann tatsächlich beim Richter Klage. Er trug vor, der Töpfer wolle ihm den geliehenen Elefanten, sein liebstes Tier, nicht wiedergeben. Mit seinem Wortschwall versuchte er den Richter zu verwirren und dazu zu bewegen, seinen Anspruch anzuerkennen.

Der Richter ließ sogleich den Töpfer rufen und forderte ihn auf, den Sachverhalt aus seiner Sicht darzulegen.

Der Töpfer erzählte, wie er sich vom Kaufmann drei Elefanten und eine Schar von Dienern geliehen hatte, wie eines der Tiere plötzlich auf dem Weg zusammengebrochen war, wie der Kaufmann sein Anerbieten, Schadensersatz zu leisten, zurückgewiesen hatte.

«Ist das die reine Wahrheit?» fragte der Richter.

«Ja, mein Herr, das ist die reine Wahrheit», antwortete der Kaufmann. «Ich will meine Elefanten haben, ich will die Elefanten haben, die ich dem Töpfer geliehen habe.»

«Wenn dem so ist, kannst du nach Hause gehen», sprach der Richter zum Kaufmann. «Morgen früh will ich Recht sprechen. Du, Töpfer, bleibst noch hier.»

Auf dem Heimweg schwelgte der Kaufmann in Gedanken. Er rechnete, wieviel ihm der alte Elefant einbringen würde.

Nachdem der Kaufmann gegangen war, schüttelte der Richter den Kopf und sprach zum Töpfer:

«Bis zum morgigen Tag handle nach meiner Anweisung! Höre deshalb gut zu und präge dir jedes meiner Worte ein! Wenn du in den Abendstunden das Haustor schließt, schichte dahinter alte Tongefäße,

Schüsseln und Töpfe auf. Bleibe daheim, bis der Kaufmann bei dir erscheint; ich will ihn zu dir schicken. Öffne ihm nicht das Tor! Öffnet es der Kaufmann, so geht dein Geschirr in Scherben. Dann erhebe ein so großes Geschrei, daß deine Nachbarn herbeigelaufen kommen. Klage, der unachtsame Kaufmann habe das kostbare Geschirr, das du von deinen Ahnen geerbt hast, zerschlagen, er habe dir einen unersätzlichen Schaden zugefügt. Fordere von ihm die Rückgabe des unbeschädigten Geschirrs. Sollte er dir Schadensersatz anbieten, nimm von ihm kein Geld an. Dann erscheine vor Gericht und beklage dich bei mir in Gegenwart des Kaufmanns.»

Der Töpfer befolgte den Rat des Richters.

Als dann der verärgerte Kaufmann und der lamentierende Töpfer vor Gericht erschienen, hörte der Richter geduldig beide Männer an. Dann fällte er diese Entscheidung:

«Eure Forderungen heben sich auf. Der Töpfer ist nicht verpflichtet, für den Elefanten, den man nicht wiederbeleben kann, Ersatz zu leisten; ebensowenig ist der Kaufmann verpflichtet, für das Geschirr, das man nicht wieder zusammenfügen kann, Ersatz zu leisten.
Gehet heim und lebet in Eintracht!»
Nachdem er das Urteil verkündet hatte, setzte sich
der weise Richter unter einen Baum
und genoß die Kühle
des Schattens.

Die Urteilsvollstreckung

Es war einmal ein redlicher Mann, der nur ein kleines Feld bearbeitete. Mochte er noch so fleißig sein, er geriet von Zeit zu Zeit in Not. Als er kräftige Büffel brauchte, aber kein Geld hatte, ging er zu einem reichen Mann und bat ihn, ihm den Kaufpreis vorzustrecken. Nach kurzem Zögern lieh ihm der Reiche die nötige Summe; er verlangte jedoch, der Bauer solle pfandweise seinen treuen Hund, den besten Wachhund im Dorf, zurücklassen.

«Du hast nichts, was man dir entwenden könnte ich aber brauche einen guten Wachhund», sagte der Reiche. «Begleichst du deine Schuld, so gebe ich dir den Hund zurück.»

Was sollte der Bauer tun? Schweren Herzens ließ er den Hund bei seinem Gläubiger zurück.

Bald darauf rüstete der reiche Mann ein Festmahl. Die Gäste und die Gastgeber, die reichlich und gut gegessen und getrunken hatten, waren müde und schlummerten ein; auch der Hund schlief.

Auf diesen Augenblick hatte eine Diebesbande gewartet. Die Verbrecher drangen in das Haus ein, fanden eine mit Geld, Gold und Edelsteinen gefüllte Truhe und drei Körbe, trugen sie aus dem Haus und suchten das Weite.

Die Diebe weckten den Hund; er bellte und bellte, doch vergebens. Niemand im Hause wurde munter.

Der reiche Mann erwachte in den frühen Morgenstunden, gähnte und ging auf den Hof. Da sprang der Hund an ihm hoch, leckte ihm die Hände und zerrte an seinen Kleidern; das pflegte er sonst nicht zu tun. Das Verhalten des Hundes erregte die Neugier des Mannes; er rief seine drei Söhne herbei. Sie öffneten die Pforte, ließen den Hund hinaus und gingen ihm nach. Der Hund führte sie geradeaus in den Wald; er lief und lief. Schließlich machte er vor einem mächtigen Baum halt, sprang herum und bellte. Der Reiche und seine Söhne kamen heran.

«Versucht herauszubekommen, liebe Söhne, warum sich der Hund wie wild gebärdet», sagte der reiche Mann.

Die Söhne gehorchten nur ungern. Sie kletterten auf den Baum und stellten fest, daß dieser hohl war. Aus dem Hohlraum holten sie die Truhe des Vaters und drei mit Kostbarkeiten angefüllte Körbe hervor.

«Meine Truhe!» rief der erstaunte Vater. «Gestern noch war sie an dem gewohnten Platz! Ist das Hexerei?»

Der Reiche kehrte heim und ließ sogleich seinen Schuldner rufen.

«Dein Hund hat mir einen großen Dienst erwiesen, deshalb erlasse ich dir die ganze Schuld», sagte er zum Bauern.

Der Bauer wußte nicht, wie er dem reichen Mann danken sollte. Er wollte den Hund mit nach Hause nehmen, doch der Reiche hinderte ihn daran.

«Ich habe mich verpflichtet, dir den Hund zurückzugeben, sobald du deine Schuld begleichst. Du hast sie nicht beglichen, ich habe sie dir erlassen; deshalb gehört der Hund mir.»

«Das ist nicht gerecht», erwiderte der Bauer. «Ich habe dir den Hund pfandweise überlassen, ich sollte ihn einlösen. Ich bin schuldenfrei, denn du hast mir die Schuld erlassen; deshalb gehört der Hund mir.»

Ein weiser Richter hörte von dem Streit um den Hund. Er dachte nicht lange nach und fällte dieses Urteil:

«Ich überlasse es der Entscheidung des Hundes, ob er im prächtigen Hause des reichen Mannes oder in der Hütte des armen Bauern leben will. Ein kluger Hund weiß, wo er hingehört.»

In der Tat! Kaum stand die Pforte, die zum Hof des reichen Mannes führte, offen, da war der Hund auf und davon. Er lief schnurstracks zur Hütte des armen Bauern.

Der Reiche wartete ab, ob der Hund zu ihm zurückkommen werde. Dann ließ er den Bauern holen und sagte zu ihm:

«Ich weiß schon, was ich tue. Ich will deinen Wachhund haben, er aber will bei dir bleiben. Deshalb nehme ich sowohl dich als auch deinen Hund in Dienst. Von heute an sollst du mein Haus, mein Lager und meine Scheune bewachen. Bist du damit einverstanden?»

So bekam der arme Bauer eine gute Anstellung.

Er und seine Familie litten nie wieder Not.

Der Bruderzwist

In alten Zeiten war vieles anders als heute, eines ist jedoch gleichgeblieben: Damals wie heute streckt der Tod sowohl Arme als auch Reiche nieder.

Eines Tages wurde ein reicher Mann, der mehrere Schiffe und eine Elefantenherde besaß, dahingerafft. Nach der angemessenen Trauerzeit teilten seine drei Söhne das Erbe untereinander; jeder von ihnen erhielt zwei Schiffe sowie ein Drittel des Lagers und der Werkstatt, des Hauses und des schönen Gartens. Während sie die Teilung vornahmen, sagten sie einander kein böses Wort; ihr Verhalten änderte sich mit einem Mal, als sie ihre Elefanten gezählt hatten. Sie besaßen dreizehn gesunde und kräftige Tiere und wußten nicht, was sie mit dem dreizehnten, überzähligen Elefanten machen sollten.

«Ich bin der Erstgeborene und habe länger als ihr beide dem Vater bei der Arbeit geholfen; deshalb ist es auch großenteils mein Verdienst, daß der Vater uns ein so großes Vermögen hinterlassen hat. Ich habe ein gutes Recht auf den dreizehnten Elefanten.»

«Unsinn!» rief der jüngste Bruder. «Der Vater hat euch beiden gründliche Kenntnisse beigebracht, das ist eine wertvolle Gabe. Ich aber muß noch viel dazulernen, deshalb habe ich das Anrecht auf eine Zugabe. Der dreizehnte Elefant gehört mir!»

«Nein, Brüderchen!» rief der mittlere Bruder. «Auf dich, seinen Erstgeborenen, war der Vater stolz, dir gegenüber war er großzügig», sagte er zum ältesten Bruder. «Und du, der Jüngste, warst Vaters Liebling; dich hat er verwöhnt», sagte er zum jüngsten Bruder. «Ich fühle mich benachteiligt. Soll das Erbe gerecht aufgeteilt werden, so muß ich den dreizehnten Elefanten bekommen.»

Die Brüder stritten sich heftig. Zu guter Letzt brachten sie die Sache vor den Richter. Sie machten vor ihm eine tiefe Verbeugung und ersuchten ihn, ihren Streit zu entscheiden. Der Richter hörte jeden von ihnen geduldig an.

«Hm, hm, ich möchte nicht, daß sich die Söhne meines Freundes kurze Zeit nach dessen Ableben entzweien. Führt mir eure Elefanten vor, dann will ich das Urteil fällen», sprach der Richter.

Die Brüder zeigten dem Richter ihre Elefantenherde. Der Richter besah die kräftigen Arbeits- und Lasttiere, dann befahl er einem Treiber, ihn auf den kräftigsten Elefanten hinaufzuheben.

«Aus der Höhe habe ich eine bessere Einsicht in die Lage der Dinge», sprach der Richter. Dann ließ er der Reihe nach erst dem ältesten, dann dem mittleren und zuletzt dem jüngsten Bruder einen Elefanten zuführen bis jeder der Brüder vier Elefanten besaß.

«Findet ihr, daß ich gerecht war?»

«Ihr wart gerecht, Herr».

«Seid ihr zufrieden?»

«Wir sind zufrieden.»

Die Brüder erwarteten mit größter Spannung, wem der Richter den überzähligen Elefanten zusprechen würde. Nach einer Weile sprach der Richter:

«Ihr habt das Erbe redlich untereinander geteilt — bis auf den dreizehnten Elefanten. Dieses Tier hat euch Unglück gebracht: Es hat euch vergessen gemacht, daß ihr Brüder seid, daß ihr in Liebe und Eintracht miteinander leben und das ererbte Vermögen mehren sollt. Der dreizehnte Elefant soll nie wieder Anlaß zu einem Bruderzwist geben, deshalb führe ich ihn weg. Mögen die Söhne meines verstorbenen Freundes in Frieden miteinander leben!

Der Richter winkte den Brüdern zu und ritt davon.

Seit jenem Tag ließen die Brüder alle Streitereien und Klagen bei Gericht sein. Jedes Jahr gedachten sie des weisen Richters, der sie versöhnt hatte, und brachten ihm Geschenke.

Der Zeuge

Es war einmal in alten Zeiten, als die Menschen noch die Sprache der Tiere und die Tiere die Sprache der Menschen verstanden, ein junger, unerfahrener Radscha. Er hatte einen durchtriebenen Berater, der die Unerfahrenheit und die Schwächen seines Herrn ausnutzte, der im Namen des Radschas Entscheidungen traf und danach trachtete, die Macht an sich zu reißen.

Der Radscha trank viel und brachte die Nächte mit Unterhaltung, Tanz und Spiel zu; es kam des öfteren vor, daß er in einer einzigen Nacht einen mit Gold angefüllten Korb verspielte. Seine einzige Sorge war, ob in seiner Schatzkammer genug Geld war; für das Wohl des Volkes hingegen trug er keine Sorge.

Der Radscha und sein jüngerer Bruder hatten wenig Ähnlichkeit miteinander. Der junge Kumara war wißbegierig, studierte die Schriften der Gelehrten und lauschte dem Vortrag der Dichter; er hatte Anteilnahme für die Menschen, er war auch ein Freund der Tiere.

Zur Sommerresidenz gehörte ein Garten und ein großer See, dessen Wasser rein und frisch, dessen Oberfläche ruhig war. An seinem Ufer wuchsen wunderschöne Lotosblumen. Eines Tages kam der Berater des Radschas zum See und bekam einen Schreck. Er sah viele Spuren, die ins Wasser führten, doch keine Spur, die aus dem Wasser geführt hätte.

Allem Anschein nach wohnt ein böser Geist im See, denn Spuren führen ins Wasser. Ich will der Sache auf den Grund gehen! dachte er.

Eines Morgens, als der Radscha noch ruhte, ließ sein durchtriebener Berater zu einem Mahl im Freien rüsten und vornehme Gäste laden; am Ruheplatz ließ er Matten und seidene Decken ausbreiten. Eine fröhliche Gesellschaft — Fürsten und Prinzen, Gelehrte, Lehrer und Dichter — kam am Ufer zusammen. Da sagte der Berater:

«Schaut, wie schön die Lotosblumen dort auf dem See sind! Einige von ihnen sind weiß, andere haben die Farbe der Morgenröte oder die des Himmels, wenn die Sonne aus den Wolken hervorbricht!»

Er forderte die Anwesenden auf, ins Wasser zu steigen und die wunderschönen Blumen zu pflücken, er selbst blieb jedoch am Ufer zurück. Erst versteckte er sich unter einem Baum, dann kletterte er auf diesen hinauf, um den See besser überblicken zu können. Er sah zu, als Rakshasa, der böse Geist, jeden, der ins Wasser stieg, mit sich in die Tiefe riß.

Der Berater des Radschas frohlockte darüber, daß es ihm gelungen war, die besten Männer ins Verderben zu stürzen; da gewahrte er den Bruder des Radschas.

Der junge Kumara hatte seine Gefährten verlassen, um einige Rehe zu füttern. Als die scheuen Tiere den Reis und die jungen Knospen, die er ihnen reichte, verschmähten, sang er ihnen ein Liedchen; plötzlich waren die Rehe zutraulich und fraßen ihm aus der Hand. Der Kumara streichelte sie, dann kehrte er zum See zurück.

Er vernahm die Worte des Beraters seines Bruders, beobachtete seine Gefährten, die die Hände nach den Lotosblumen ausstreckten und dann untertauchten, ohne einen Laut von sich zu geben. War es ein Spuk? Das Blut erstarrte dem jungen Kumara in den Adern.

In dem Augenblick schrie der durchtriebene Berater aus vollem Halse:

«He, Wache! Packt den Kumara! Er hat unschuldige Menschen ins Verderben gestürzt!»

Seine Anschuldigung gegen den jungen Kumara wiederholte der Berater auch vor seinem Herrn. Er fügte noch hinzu, der Prinz trachte auch ihm nach dem Leben, denn er wolle an die Macht gelangen.

«Ich werde über den Verräter Gericht halten!» sprach der Radscha. Er war von grenzenlosem Vertrauen zu seinem Berater durchdrungen und hörte den Bruder, der seine Unschuld beteuerte, nicht an.

Im Garten der Residenz lebte ein alter Schakal, der dem Berater des Radschas an Schlauheit nicht nachstand. Als dieser sah, daß die Wache den Prinzen abführte, schlich er sich in den Palast und fiel dem Radscha zu Füßen.

«Höre mich an, Erlauchter König! Ich weiß, was sich im Garten zugetragen hat, was deiner Gefolgschaft zugestoßen ist.»

«Sprich! Sage die reine Wahrheit, sonst verlierst du deinen Kopf!» sprach der Radscha mit Strenge.

«Ich will wahrheitsgetreu aussagen», gelobte der Schakal. «In aller Frühe, als am Horizont das weite Meer lichterloh brannte und die Fische von Baum zu Baum sprangen, hörte ich mit meinen eigenen Augen die aufrichtigen Worte deines Beraters; er sagte die nackte Wahrheit. Du zweifelst daran? Das alles geschah, als das weite Meer lichterloh brannte und die Fische von Baum zu Baum sprangen; ich habe einen vollen Korb Fische gesammelt.»

Der Radscha erzürnte sich und schrie:

«Narr! Wie kannst du es wagen, mir solchen Unsinn einreden zu wollen! Das alles ist doch Unsinn! Das konnte nie geschehen und wird auch nie geschehen!»

«In der Tat, Mahipati», sagte der Schakal. «Eher wird das weite Meer lichterloh brennen, eher werden die Fische von Baum zu Baum springen, als daß dein Berater die Wahrheit sagen wird. Ich gestehe, Mahipati, es war nicht so. Die Ereignisse spielten sich so ab, wie es vor einer Weile dein Bruder beschrieben hat.»

Der Radscha war von der Rede des Schakals tief beeindruckt. Es ging ihm ein Licht auf; mit einem Mal vermochte er das Gute vom Bösen, die Wahrheit von der Unwahrheit zu unterscheiden. Er ließ den Bruder frei und umarmte ihn, den durchtriebenen Berater jedoch verurteilte er. Seither lebten die Brüder in Eintracht. Die Menschen im ganzen Land nahmen den Urteilsspruch des Radschas mit Befriedigung zur Kenntnis.

GESCHICHTEN VON UNSEREN BRÜDERN, DEN TIEREN

Das Gewitter war vorüber. Ein warmer Regen ging auf das Palmendach, das keinen Regentropfen durchließ, nieder. Ein Feuer brannte, die Flammen züngelten, das Wasser im Topf kochte. Menschen und Tiere ruhten sich von der Anstrengung des Tages aus.

An den Hof des Fürsten Ilangora waren viele Gäste gekommen. Ihre Pferdeknechte und Treiber lagerten unter dem Palmendach; sie erzählten einander ihre Reiseabenteuer und die Neuigkeiten, die sie unterwegs gehört hatten. Es war auch die Rede davon, wie man mit den Reisenden, den Tieren und der Last sicher ans Ziel gelangen kann.

«Wenn der Mensch einem Tier ein Leid antut, so ist es, als habe er seinem leiblichen Bruder ein Leid angetan», sagte ein weißhaariger mächtiger Treiber, der am Lagerfeuer saß. Er schrie seine Elefanten nie an und spornte sie nie mit einem Stachel an, trotzdem zwang er sie mühelos zum Gehorsam.

«Mit einem Tier muß man wie mit seinem Bruder umgehen, denn oft dienen uns die Tiere, als wären sie unsere Brüder. Man muß ein fühlendes Herz und eine ruhige Hand haben», fuhr der greise Treiber fort. «Es könnte eines Tages sein, daß auch wir uns in einer so mißlichen Lage befinden, daß wir unterjocht und gefesselt sind und unter der Last und den Schlägen der Treiber stöhnen. Würden die Menschen dessen eingedenk bleiben, wäre es auf der Welt besser bestellt. Ich liebe die Tiere, ich habe vor ihnen keine Angst, und sie tun mir nichts zuleide.» Die übrigen Männer stimmten ihm zu. Nach kurzem Schweigen erzählten auch sie Geschichten von Tieren, den gutmütigen oder bösartigen Brüdern oder auch den Helfern des Menschen.

Es war eine stockfinstere Nacht. Der Wind legte sich, er raschelte nur in dem Laub. Das Feuer brannte nieder. So wie der Schmied aus einzelnen Gliedern eine Kette zusammenfügt, so fügten sie aus Worten und Sätzen ihre Geschichten zusammen.

Der Bettler
und die Seeschlange

Es war einmal eine Residenz mit einem wunderschönen Garten und einem See, in dessen Mitte eine große Seeschlange lebte. Jeden Tag kamen die Treiber des Königs an den Strand und badeten ihre Elefanten im See. Störten sie dabei die Ruhe der Seeschlange, so griff sie diese an. Die Treiber versuchten die Seeschlange zu vertreiben oder sie unschädlich zu machen, doch vergebens. Jedesmal entkam ihnen das Tier, als wüßte es, wann es sich vor den Menschen verbergen mußte.

Eines Tages kam ein Bettler an den Strand, der wollte im See baden. Die Seeschlange, die eben aus dem Wasser kommen wollte, schickte sich an, den Bettler anzugreifen. Da sah ihr der Mann tief ins Auge und redete sie ehrerbietig wie einen König an:

«Ich bitte dich, gutes Tier, kriech ans Ufer oder verkriech dich auf dem Grund des Sees und laß mich im See baden.»

Die Seeschlange kam ans Ufer und sagte zum Bettler:

«Du kannst wann immer im See baden, Ajija, ich will dir kein Leid antun, weil du mir wie einem König mit Ehrerbietung begegnet bist. Ich will dir einen Dienst erweisen; befolgst du meinen Rat, so wirst du kein Bettler mehr sein. Hör gut zu! Jeden Abend baden die Elefanten des Radschas im See. Morgen will ich in den Rüssel des Lieblingstieres des Radschas kriechen; besteigt der Radscha den Elefanten, um durch die Stadt zu reiten, so wird das Tier wild werden. Die Treiber werden alles mögliche versuchen, um den Elefanten gesund zu machen; sie werden ihm Heilmittel geben, sie werden erfahrene Männer aus unserem Land und aus benachbarten Ländern rufen, doch alles wird umsonst sein.

Warte sieben Tage ab; dann melde dich im Palast des Radschas und sage, daß du den Elefanten gesund machen kannst. Die Treiber werden dich auslachen. Beachte sie nicht; mögen sie lachen, soviel sie wollen. Nimm ein großes kupfernes Gefäß, fülle es mit Wasser an, verdecke den Kopf des Elefanten mit einem Laken, dann schlüpfe auch du unter das Laken und reiche dem Elefanten Wasser. Klopfe ihm auf die Stirn und sage: Komm hervor, gutes Tier! Dann will ich aus dem Rüssel des Elefanten schlüpfen, und der Elefant wird wieder kerngesund sein.»

An dem Tag, an dem die Regenzeit einsetzte, wurde der Elefant, auf dem der Radscha ritt, wild. Es fehlte nicht viel, so hätte das Land seinen Herrn verloren; der Tod streckte schon seinen Arm nach ihm aus.

Sieben Tage und sieben Nächte lang versuchten sie den edlen Elefanten gesund zu machen; doch nichts half. Alle meinten schon, das Tier müsse verenden.

Da meldete sich in den Abendstunden der Bettler und sagte:

«Eure Heilmethoden haben sich nicht bewährt. Gestattet, daß ich meine Heilmittel anwende.»

Die Hofleute brachen in lautes Gelächter aus. Ein Treiber sagte:

«Zeit meines Lebens habe ich mit Elefanten zu tun gehabt, und jetzt will ein Bettler mich belehren! Weißt du denn nicht, daß wir sieben Tage und sieben Nächte lang versucht haben, den Elefanten zu heilen?»

«Ich weiß bloß, daß eure Heilmethoden erfolglos waren. Gestattet mir, daß ich mein Glück probiere», bat der Bettler demütig.

Vielleicht hätten die Hofleute den Bettler aus dem Palast gejagt, wäre nicht der Radscha, der sich nach dem Befinden seines Lieblingstieres erkundigen wollte, dazwischengefahren.

«Gebt ihm alles, was er braucht!» befahl er seinen Dienern.

Der erste Treiber kam heran und flüsterte dem Bettler ins Ohr:

«Führe uns nicht an der Nase herum! Wehe dir, wenn du dem Elefanten ein Leid antust!»

Der Bettler verlangte, man solle ihm ein Laken und ein großes kupfernes Gefäß geben. Dann füllte er das Gefäß mit Wasser, bedeckte den Kopf des Elefanten mit dem Laken, klopfte dem Elefanten auf die Stirn und bat die Seeschlange:

«Komm hervor, gutes Tier, sonst bin ich verloren!»

Die Seeschlange hörte den Bettler und schlüpfte schnell aus dem Rüssel des Elefanten in das mit Wasser angefüllte Gefäß.

«Ich habe den Elefanten gesund gemacht!» sagte der Bettler.

Der Radscha wollte seinen Ohren nicht trauen; dann befahl er seinen Treibern, den Elefanten zu einem Ritt zu rüsten. Mit Freude ritt er auf dem Tier durch die belebten Gassen der Residenz; das Tier war wieder gesund.

Der Radscha ließ den Bettler rufen und fragte ihn:

«Wie soll ich dich belohnen?»

«Ich freue mich, daß ich dir, Mahipati einen Dienst erweisen konnte, und brauche keine Belohnung. Ich habe nur einen Wunsch — gewähre der Seeschlange deinen Schutz.»

Kaum hatte der Bettler seine Bitte vorgetragen, da verbot der Radscha aufs strengste, der Seeschlange ein Leid anzutun. Gleichzeitig ernannte er den Bettler zu seinem ersten Treiber.

Von jenem Tage an beaufsichtigte der Bettler alle Treiber des Radschas und achtete darauf, daß sie die Elefanten gut versorgten und auch, daß der Seeschlange kein Leid geschah.

Der Bettler war zufrieden und genoß sein Leben.

Die Brillenschlange und die Polanga

Es war einmal eine große Brillenschlange, die sich des Lebens freute, denn im Dickicht und auf der Lichtung gab es alles, was sie zum Leben brauchte. Doch einmal war ein so trockenes Jahr, daß die Brillenschlange kein Wasser fand; sie suchte überall nach Wasser, doch vergebens. Sie befand sich in schlechter Verfassung, als sie eines Tages zu einem Dorf kam. Am Rande des Dorfes, vor einer Hütte, spielte ein Knäblein, und neben ihm stand eine große Tonne voll Wasser. Mit Aufgebot aller Kräfte kroch die Brillenschlange zur Tonne und trank. Das Knäblein schöpfte Wasser in eine Kokosnußschale und begoß den Kopf der Brillenschlange. Dann streichelte es sie und flüsterte ihr zu:

«Meine Schlange, meine liebe Schlange!»

Die Brillenschlange gewöhnte es sich an, abends zur Hütte zu kommen und Wasser zu trinken; sie ließ es geschehen, daß das Knäblein mit ihr spielte und sie streichelte.

Am siebenten Tag kroch die Brillenschlange, von der Hütte kommend, durch das trockene Gras, da begegnete sie einer Polanga, der gefährlichsten Giftschlange, die auf der Insel Lanka lebt. Sie war halb verdurstet und bewegte sich nur mit Mühe.

«Ich sterbe vor Durst! Sag mir, liebe Freundin, wo es zu trinken gibt!»

«Das Wasser ist alle! Du weißt doch, daß die Tiere Durst leiden», erwiderte die Brillenschlange.

«Du bist nicht durstig; ich sehe, daß du vor kurzem getrunken hast.»

«Nun gut!» sagte die Brillenschlange, der die halbverdurstete Polanga leid tat. «Im nahe gelegenen Dorf haben die Menschen genug Wasser. Ich gehe zu einer Hütte, die am Rande des Dorfes steht. Vor der Hütte pflegt ein Knäblein zu spielen, das gibt mir zu trinken, begießt mich und streichelt mich. Du kannst dort trinken, doch dem Knäblein darfst du nichts zuleide tun!»

Die Polanga bedankte sich bei der Brillenschlange und versprach hoch und heilig, sie werde dem Knäblein kein Leid antun, sie werde sich sogar von ihm streicheln lassen.

Plötzlich machte sich sie Brillenschlange Sorgen und dachte: Habe ich recht getan, daß ich der Polanga verraten habe, wo es Wasser gibt? Sie ist falsch und giftig; es könnte sein, daß sie ihr Versprechen nicht hält und dem Kind ein Leid zufügt. Sie kroch der Polanga nach; als sie zur Hütte kam, sah sie, daß die Polanga in die Tonne kroch und nach Herzenslust trank. Das Knäblein sah ihr zu; da kam die Polanga aus der Tonne und biß zu. Das Knäblein fiel sogleich um.

Die Brillenschlange wußte, daß das tödliche Gift der Polanga im Nu wirken konnte. Sie kroch schnell heran und saugte das Gift aus der Wunde.

Das Kind öffnete die Augen, sprang auf und streichelte seine liebe Brillenschlange. Es ahnte nicht, welchen Dienst ihm das Tier erwiesen hatte.

Die Brillenschlange kroch der Polanga nach und rechnete mit ihr ab. Seit jenem Tag duldet die Brillenschlange keine Polanga in ihrer Nähe.

Die Krähe, das Reh und der Schakal

Es waren einmal zwei Freunde: ein Reh und eine Krähe. Sie kamen jeden Tag zusammen und erzählten einander alle ihre Erlebnisse.

Eines Tages begegnete dem Reh ein großer Schakal, der sagte:

«Ich weiß, Brüderchen, daß du schon lange mit der Krähe Freundschaft hältst. Die Einsamkeit, in der ich lebe, bedrückt mich; deshalb möchte ich in eurem Bunde der dritte sein.»

«Gut, noch heute will ich die Krähe fragen, ob sie dich zum Freund haben will», erwiderte das Reh.

Bei der ersten Gelegenheit erzählte das Reh der Krähe von seiner Begegnung mit dem Schakal.

«Wie immer will ich dir die Wahrheit sagen. Der Schakal ist ein Heuchler. Willst du jedoch mit ihm Freundschaft schließen, so will ich dagegen nichts einwenden.»

Seit jenem Tag bestand zwischen ihnen eine unzertrennliche Freundschaft. Die Krähe pflegte auf einem Baum zu sitzen, während das Reh und der Schakal unter dem Baum lagen, sich vergnügten und lachten.

Eines Tages stellte der Schakal fest, daß der Reis, der auf einem nahegelegenen Feld wuchs, schon eine gelbliche Farbe hatte.

«Auf dem Feld könnt ihr euch satt essen, liebe Freunde; ihr werdet gar nicht aufhören wollen!» redete der Schakal auf die Krähe und das Reh ein. «Inzwischen will ich mir im nahen Graben etwas zu essen suchen.»

«Sicher bewacht der Bauer das Feld; ich wage es nicht hinzugehen», erwiderte das Reh. Und die Krähe krähte, sie wolle nur die nach der Reisernte verstreuten Reiskörner aufpicken.

Der Schakal lief bis an den Waldrand, machte dort ein Schläfchen und kehrte in den Abendstunden zu seinen Gefährten zurück.

«Angst macht Beine!» Er lachte sie aus. «Ich habe mich satt gegessen — und hier bin ich. Vom Bauern keine Spur!»

Der Schakal ließ sich nicht anmerken, was er im Schilde führte. Er rechnete damit, der Bauer werde das Reh auf dem Felde fangen, töten, seine Haut und sein Fleisch für sich behalten und den Rest wegwerfen — das wird für ihn ein wahrer Schmaus sein.

Das Reh ging dem Schakal auf den Leim; es lief aufs Feld und machte sich über den Reis her. Der Reis schmeckte ihm, es fraß und fraß. Am nächsten Tag warnte die Krähe ihren Freund, die Gefahr sei größer als am Vortag, doch das Reh hörte nicht auf sie.

Die Krähe behielt recht; alles kam, wie sie vorhergesagt hatte. Der Bauer war in den Abendstunden aufs Feld gegangen und hatte sogleich die vom Reh zurückgelassenen Spuren entdeckt; dann hatte er am Feldrain eine eilends herbeigeholte Falle gelegt.

Das Reh ging in die Falle.

«Ach, lieber Schakal, lieber Freund, hilf mir, sonst ist es um mich geschehen! Mach schnell, zerbeiße die Schlinge, rette mich!» schrie das Reh.

«Ich kann dir nicht helfen, Brüderchen! Heute ist ein Feiertag!»

Die Krähe wartete vergebens auf die Rückkehr des Rehs, dann flog sie aufs Feld. Sie fand am Feldrain das Reh, das ganz erschöpft war und schwer atmete.

«Ach, Schwesterchen, es steht schlecht mit mir! Wer kann mir helfen? Bald wird der Bauer kommen, dann wird es um mich geschehen sein. Der Schakal, der Heuchler, hat mich verführt, jetzt aber läßt er mich im Stich. Dort im Graben, unter einem Strauch, liegt er.»

«Beruhige dich, Brüderchen! Befolge meinen Rat, dann wirst du wieder frei sein. Ich will hier Wache halten. Seh ich den Bauern kommen, so will ich mich auf deiner Stirn niederlassen und tun, als wärest du schon tot. Was immer auch geschehen mag, rühre dich nicht und halte den Atem an. Doch wenn ich krähe, so spring auf und lauf in den Wald!»

Bald darauf erschien der Bauer, der eine Keule trug. Schon von weitem sah er, daß das Reh in die Falle gegangen war. Da die Krähe auf dessen Kopf saß und ihm auf die Stirn klopfte, meinte er, das Reh sei tot; er löste die Schlinge. In dem Augenblick begann die Krähe zu krähen, das Reh sprang auf und flüchtete ins Dickicht.

«Zum Teufel!» rief der wütende Bauer und schleuderte seine Keule dem Reh nach.

Das Reh lief zu seinem Plätzchen, verkroch sich im Laub und wartete dort auf die Krähe. «Weißt du, was geschehen ist?» schrie die Krähe.
«Die Keule, mit der der Bauer dich treffen wollte, fiel
in den Graben und erschlug den Schakal, der dort unter einem Strauch
lag. Der Heuchler ist nicht straffrei ausgegangen!»
Seither lebten die Krähe und das Reh
in Frieden und Freundschaft.

Der Greis, das Krokodil und der Schakal

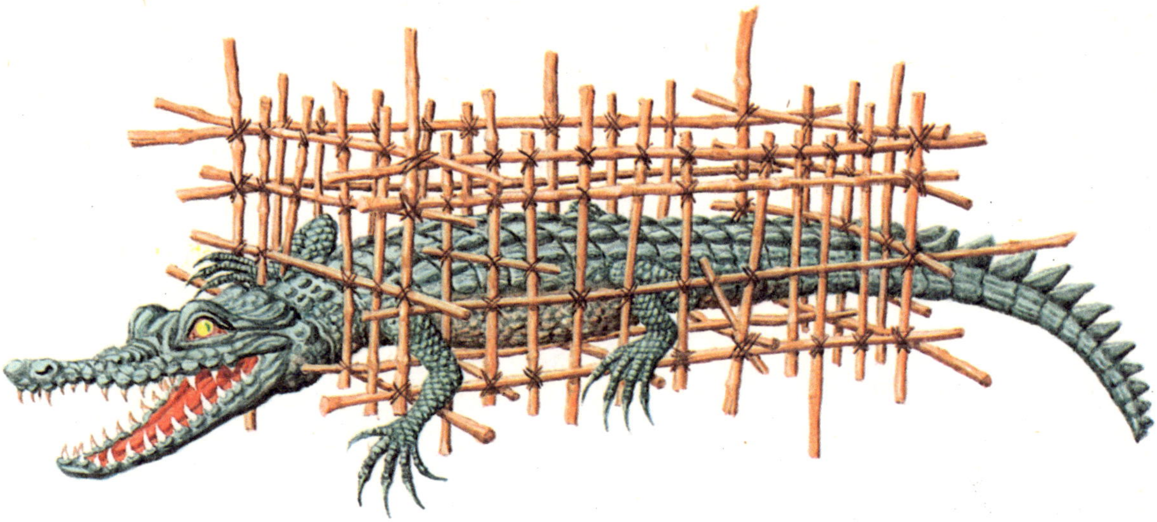

In alten Zeiten, als die Menschen noch die Sprache der Tiere verstanden, ging ein Greis den Fluß entlang, da hörte er ein Jammergeschrei. Er befürchtete, daß ein Kind in eine Grube gefallen oder in einen Sumpf geraten sei, deshalb ging er der Stimme nach. Er machte eilige Schritte, durchkämmte das Dickicht und suchte; endlich fand er einen großen Käfig und darin ein Krokodil.

«Ach, guter Mensch, hilf mir!» jammerte das Krokodil. «Ich bin in eine Falle geraten und kann nicht heraus. Auch sterbe ich vor Durst, ich möchte trinken. Öffne den Käfig!»

«Ich würde dich schon herauslassen, doch du hast böse Augen. Ich traue dir nicht; du könntest auf mich losgehen!»

«Ach, guter Mensch, wie könnte ich das tun! Ich wäre froh, wenn ich mich zum Fluß schleppen könnte. Hast du vielleicht ein Herz von Stein, daß du meinen Qualen kein Ende bereitest?» plärrte das Krokodil.

Der Greis erbarmte sich des Tieres und öffnete den Käfig — da schnappte schon das Krokodil nach seiner Hand.

«Erst will ich dich fressen, dann will ich trinken!»

«Also das ist dein Dank!» schrie der Greis. «Frag doch die ersten drei Lebewesen, denen wir begegnen werden, wie sich ein redliches Wesen gegen einen Helfer in der Not verhalten sollte.»

«Es sei, ich will mich gedulden. Nachdem wir die drei nach ihrer Meinung gefragt haben, kriege ich dich ja doch!»

Da kam auf dem steinigen Gelände eine große Schlange gekrochen.

«He, Schwesterchen», rief das Krokodil, «mache halt und entscheide unseren Streit. Sag, ob ich nur deshalb Hunger leiden muß, weil mir dieser Mensch die Freiheit geschenkt hat.»

«Stillc deinen Hunger! Die Menschen sind böse, sie pflegen uns Tieren grundlos ein Leid anzutun. Der Mensch verdient nicht, daß du seinetwegen Hunger leidest», erwiderte die Schlange.

Der Greis ließ den Kopf hängen. Da erblickte er auf einer nahen Sumpfwiese einen großen Büffel. Er meinte, der Büffel sei ein Freund des Menschen und werde ihm bestimmt recht geben. Deshalb ging er auf den Büffel zu, erzählte ihm, was sich zugetragen hatte, und bat:

«Entscheide unseren Streit!»

«Der Mensch verdient unser Mitleid nicht; er legt uns täglich in Ketten, spannt uns ins Joch und quält uns auf Schritt und Tritt. Er verdient nicht, daß du seinetwegen Hunger leidest», antwortete der Büffel. Für das Krokodil waren das befriedigende Antworten; es bekam schon Appetit.

In dem Augenblick erblickte der Greis einen Schakal und rief ihm zu:

«Heda, Schakal, du bist ein kluges Tier; entscheide unseren Streit! Sag, wer von uns beiden recht hat.»

«Ich verstehe dich nicht! Kommt näher!» erwiderte der Schakal, der auf einem verlassenen Ameisenhaufen saß und das Ufer beobachtete.

Der Greis und das Krokodil wateten durch den Sumpf.

«Kommt zu mir! Der Fluß tost, ich verstehe euch nicht», rief der Schakal.

Das Krokodil schnaufte, es kroch nur mit Mühe aus dem Schlamm. Der Greis erzählte, was geschehen war.

«Ach, Alter, siehst du den Knüppel, der neben dem Ameisenhaufen liegt? Heb ihn auf und versetze dem Krokodil einen tödlichen Schlag auf den Kopf, dann geh deiner Wege.»

Der Greis befolgte den guten Rat und blieb am Leben. Der Schakal rief seine Familie zusammen, dann schmausten sie bis zum frühen Morgen.

Der alte Papagei

Es war einmal ein armer Bauer, der hatte vier Söhne. Die drei älteren Söhne waren stattliche, arbeitsame Jünglinge, die ihrem Vater und ihren Nachbarn bei den Feldarbeiten halfen. Der jüngste Sohn war noch ein halbes Kind; seine körperliche Kraft war nicht groß, doch sein Verstand reichte für drei.

Eines Tages packte die Bäuerin etwas Reis, ein Gemüsegericht und einige Stückchen Fisch in ein Körbchen und befahl ihrem jüngsten Sohn, er solle dem Vater und den Brüdern das Essen auf das Feld bringen.

Der Weg schlängelte sich den Fluß entlang; an seinem Ufer entdeckte der Knabe ein Boot.

Ich will flußabwärts fahren, das geht schneller! dachte der Knabe.

Er stieg ins Boot, stellte das Körbchen mit dem Essen ab und stieß das Boot vom Ufer; der Strom riß es mit sich. Der Knabe freute sich über die schnelle Fahrt.

In den Bergen war ein heftiger Regen niedergegangen, der hatte den Fluß anschwellen lassen. Die Wassermassen wälzten sich brausend fort; das Boot trieb wie ein Hölzchen auf den Wellen. Der Knabe hatte nicht die Kraft, das Ufer anzusteuern; er weinte, schrie um Hilfe, doch niemand hörte ihn.

Da kam ein alter Papagei geflogen und krächzte:

«Weine nicht, jammere nicht! Auf Regen folgt Sonnenschein! Ich bin schon alt und schwach; es fällt mir schwer, nach Futter zu suchen. Gib mir etwas Reis, und ich will dir raten und helfen. Befolgst du meinen Rat, so wirst du wohlbehalten zu Hause ankommen. Doch wir müssen beisammenbleiben.»

Das Boot wurde in einen ruhigen Flußarm abgetrieben. In einer kleinen Bucht wusch ein alter Mann wunderschöne Stoffe in leuchtendem Gelb.

«Heda, heda Hilfeee!» schrie der Knabe aus vollem Halse.

Der Alte nahm einen langen Haken und zog das Boot ans Ufer.

«Gut, daß du kommst! Ich warte schon lange auf einen tüchtigen Gehilfen. Wie heißt du?» erkundigte sich der Alte.

«Heda!» kreischte der Papagei.

«Nun gut, Heda. Geh diesen Weg entlang, beeile dich! In meiner Hütte, in der ersten Hütte, zu der du kommst, findest du meine Frau; sag ihr, sie solle dir die für das morgige Fest bestimmten Stoffe geben. Wir wollen dann das Haus schmücken, in dem die Feier stattfinden soll.»

Der Knabe lief zur Hütte des Alten, grüßte seine Frau und richtete ihr die Bestellung aus.

«Wer bist du?» fragte die Frau.

«Heda!» kreischte der Papagei.

Die Frau nahm die Stoffe aus einer Truhe, legte sie in einen Korb und übergab sie dem Knaben.

Sie folgten dem Flußlauf: Der Knabe lief, der Papagei segelte durch die Lüfte. Plötzlich ließ sich der Papagei auf der Schulter des Knaben nieder und riet ihm:

«Behänge den am Wegrand wachsenden Baum mit den Stoffen. Es kommen zwei Kaufleute daher, verkaufe ihnen die Stoffe; sei geschickt!»

Als die Kaufleute am Baum ankamen, blähte der Wind die Stoffe.

«Was ist das?»

«Das ist unser Baum, es wachsen Stoffe darauf», erfand der Knabe.

«So einen Baum könnten wir gut brauchen», sagten die Kaufleute und gaben dem Knaben einen schönen Batzen Geld. Während sie die Münzen abzählten, nickte der Papagei zufrieden mit dem Kopfe.

Dem Knaben blieben noch zwei große Stücke Stoff, die befestigte er auf Anraten des Papageis an einer Banane am Wegrand.

Da ritt ein Kaufmann auf einem Elefanten vorbei. Er hielt den Elefanten an, besah und bestaunte die seltsame Staude von allen Seiten, dann fragte er, ob sie verkäuflich sei.

Der Knabe sagte, er sei geneigt, die Banane mit dem goldgelben Behang zu verkaufen, fordere jedoch den Elefanten als Gegenleistung. Nach einigem Zögern willigte der Kaufmann ein; er überließ dem Knaben den Elefanten und nahm den Stoff von der Banane.

Der Knabe ritt zum Alten und sagte:

«Ich habe deine Stoffe für einen schönen Batzen Geld verkauft; nimm diesen Geldbeutel, Alter. Nun muß ich aber heimkehren.»

Ehe der Alte sich's versah, waren der Elefant, der Reiter und der Papagei außer Sicht- und Hörweite. Den Beutel mit den klingenden Münzen hielt er in der Hand — also hatte er nicht geträumt!

In den späten Abendstunden kam der Knabe zu einer Raststätte. Auf Anraten des Papageis übernachtete er auf dem Hof und verstreute dort einige Silbermünzen. Als der Morgen graute, trat ein Diener aus dem Haus und begann, den Hof zu kehren. Da rief ihm der Knabe zu:

«Warte! Ich will meine Münzen einsammeln, die mir mein Elefant beschert hat. Das tut er täglich zu früher Stunde!»

Der reiche Besitzer der Raststätte hörte, was der Knabe zum Diener sagte. Er war sogleich bereit, den Elefanten zu kaufen.

«Was soll mir dein Geld? Jeden Tag beschert mir mein Elefant, was ich brauche», sagte der Knabe und tat, als wäre er überrascht.

«Was willst du mit einem so mächtigen Elefant?» redete der Mann auf den Knaben ein. «Du mußt ihn pflegen und für ihn sorgen, er aber gibt dir bloß einige Silbermünzen. Nimm das Geld, das kannst du besser brauchen.»

Sie feilschten lange; endlich rückte der Mann mit einem vollen Geldbeutel heraus, bewirtete den Knaben und gab ihm auch noch Wegzehrung.

Der Knabe, den Papagei auf der Schulter tragend, machte sich auf den Weg. Er schritt tapfer aus und fand heim. Groß war die Freude der Eltern und der Brüder, als der vermißte Knabe zu Hause ankam.
Er war wohlbehalten und überdies wohlhabend.
Die Familie hegte und pflegte den klugen
Papagei bis an sein
Lebensende.

Der Prinz und der Affe

Es war einmal ein Maharadscha, der hatte sieben Söhne. Sechs Söhne waren wie Königssöhne eben sind: Sie waren stolz und gebildet, sie taten sich bei der Jagd und bei Spielen hervor. Der siebente und jüngste Sohn hingegen hatte nichts Hoheitsvolles an sich. Es war sein größtes Vergnügen, mit den Kindern der Diener zu spielen; er liebte und fütterte die Tiere. Elefanten, Affen und Hunde zogen ihn unwiderstehlich an; die Jagd ließ ihn erschauern.

Die Zeit verflog; der jüngste Prinz wuchs zum Jüngling heran. In all den Jahren hatte er sich nicht geändert; niemand hätte angenommen, daß er königlichen Geblütes sei.

Der jüngste Kumara war wohlgebaut und tüchtig, trotzdem erregte er das Mißfallen des Maharadschas. Eines Tages badete er einen Elefanten im Bach, dann nahm er einen mit Reis gefüllten Kessel vom Feuer, und er stopfte sich voll, als hätte er sieben Tage lang gehungert. Als der Maharadscha sah, daß sich sein Sohn wie ein Treiber statt wie ein Fürst aufführte, kam er in Zorn.

«Schäme dich, du mißratener Sohn! Du machst mir Schande! Hier hast du nichts zu suchen, morgen lasse ich dich aus meiner Residenz jagen!»

Die Mutter brach in Tränen aus, als sie diese Worte vernahm, doch weder ihre Tränen noch ihre Bitten vermochten den Maharadscha zu erweichen. In den Abendstunden suchte sie ihren jüngsten Sohn auf und sprach:

«Der Maharadscha findet es anstößig, daß du einen Elefanten gebadet und aus einem Kessel gegessen hast. Er hat sich über dich erzürnt und will dich morgen aus der Residenz jagen. Erspare dir die Schmach, verlasse den Palast. Zieh in die Welt hinaus; ich will dir einen vollen Geldbeutel und ein Säckchen Reis geben. Viel Glück, mein Sohn!»

«Weine nicht, klage nicht, liebe Mutter! Ich werde mich schon durchschlagen; ich werde ein Handwerk lernen oder Handel treiben. Dein Geld wird mir helfen.»

Der Prinz verabschiedete sich von seiner Mutter und verließ die Residenz. Er ging und ging, endlich kam er in eine Stadt. Dort begegnete er einem Mann, der an einer Kette einen Affen führte. Der Mann zerrte an der Kette und schleifte das Tier über Stock und Stein.

«Wohin gehst du mit dem Affen?» fragte ihn der Prinz.

«Ich gehe zum Fluß. Der Affe hat mein Feld verwüstet, deshalb will ich ihn ertränken.»

«Verkauf mir den Affen», sagte der Prinz.

«Gib mir tausend Goldmünzen, dann will ich das Tier verschonen», brummte der Mann. Erneut zerrte er an der Kette und schickte sich an, den Affen wegzuführen. Da drückte ihm der Prinz seinen prallen Geldbeutel in die Hand. Der Mann war angenehm überrascht; er überließ dem törichten Jüngling den Affen und eilte nach Hause. Er dachte: Zu guter Letzt hat mir der Affe Glück gebracht.

Der Prinz nahm dem Affen die Kette ab und teilte seine Wegzehrung mit ihm. Dann machten sich beide auf den Weg. Sie liefen über Stock und Stein, bis sie den Rand einer großen Stadt erreichten.

Der Affe bewies große Geschicklichkeit und Tüchtigkeit. Er erbaute eine Hütte und fertigte Matten aus Palmblättern an, nachher lief er in die Stadt. Auf dem Hauptplatz drängte er sich unter das Volk; er tanzte, hüpfte und klatschte in die Hände, dann machte er tiefe Verbeugungen und erbettelte Obst, Nüsse und kleine Münzen. Auf diese Weise ernährte er nicht nur sich, sondern auch seinen Retter.

Die Tage gingen dahin, ohne daß der Prinz ein Handwerk gelernt oder Handel getrieben hätte. Er ließ den Affen für sich arbeiten. Kaufte Reis und Gemüse ein, kochte und aß.

Eines Tages kam der Radscha auf seinem Elefanten geritten und schaute dem Affen zu. Dieser machte vor dem Herrscher eine tiefe Verbeugung und führte ihm seine Kunststücke vor. Dann sagte er:

«Darf ich, mein Herr und Gebieter, eine Bitte vorbringen?»

«Sprich!» erwiderte der überraschte Radscha.

«Ich bitte dich, mir ein Gefäß, mit dem man Gold zu messen pflegt, zu leihen.»

Das Ansuchen nahm den Radscha wunder, trotzdem ließ er ein Meßgefäß holen.

Nach einem Monat brachte der Affe das ausgeliehene Gefäß in den Palast; er verbeugte sich vor dem Radscha und belustigte ihn mit seinen Kunststücken. Der Radscha lachte aus vollem Halse, dann fragte er:

«Warum bringst du das Gefäß, das du vor einem Monat ausgeliehen hast, erst jetzt zurück? Du wirst doch nicht bis zum heutigen Tag Gold gemessen haben!»

«Ich habe erst die Hälfte davon gemessen, Mahipati», antwortete der Affe.

«Wessen Gold mißt du denn?» erkundigte sich der Radscha.

«Mein Herr ist ein Prinz; ihm gehört das Gold.»

Im Weggehen nahm der Affe ein Seidentuch des Radschas an sich; mit einem Armvoll Obst beladen, verließ er den Palast.

Während der Prinz das Abendessen bereitete, warf der Affe das Seidentuch ins Feuer; als es halb verkohlt war, holte er es aus dem Feuer und tat es in die Schale einer Kokosnuß.

Auch am nächsten Tag tanzte der Affe vor dem Radscha. Beim Tanz machte er eine betrübte Miene; er hatte Tränen in den Augen und wimmerte leise vor sich hin.

Schließlich fragte ihn der Radscha:

«Hast du Kummer?»

«Ich habe etwas angestellt! Ich war unachtsam und habe die Kleidung meines Herrn verbrennen lassen; dieser Fetzen ist alles, was von ihr übriggeblieben ist. Und mein Herr ist gewohnt, Gewänder aus kostbarer Seide zu tragen . . .»

Der Radscha ließ ein Gewand aus wunderschöner Seide holen und übergab es dem Affen. Dieser bedankte sich dafür und sagte:

«Mahipati, sowohl deine älteste Tochter als auch mein Prinz sind unter einem glücklichen Stern geboren. Vermähle sie miteinander, du wirst es nicht bereuen.»

«Wenn dem so ist, will ich in die Heirat einwilligen. Doch erst will ich deinen Herrn kennenlernen und mich mit meinem Seher beratschlagen.»

Der Affe machte vor dem Radscha eine tiefe Verbeugung und verließ ihn. In einem Haus am Hauptplatz lieh er sich einen Bottich aus und trug ihn nach Hause; dann wärmte er Wasser, sammelte duftende Kräuter und bereitete dem Prinzen ein Bad. Der Prinz badete und legte dann das seidene Gewand an, das ihm der Radscha geschenkt hatte.

Die sieben Töchter des Radschas hätten sich gerne dem Gast gewidmet, doch dieser stürzte sich auf die erlesenen Speisen und tat, als hätte er noch nie vor vollen Schüsseln gesessen.

Der Radscha verwunderte sich sehr über das Benehmen des Prinzen. Da flüsterte ihm der Affe zu:

«Mahipati, habe Nachsicht! Der Prinz war lange krank und konnte keinen Bissen zu sich nehmen, er ist sehr geschwächt. Viele Ärzte bemühten sich um ihn, am Ende war ihre Behandlung erfolgreich. Sie verabreichten ihm eine Arznei, die den Appetit anregt, deshalb ißt er so gierig. Die Ärzte sagen, dieser Zustand werde noch längere Zeit dauern; doch dann wird der Prinz wieder manierlich essen.»

Der Radscha wiegte sein Haupt. Er richtete der ältesten Tochter die Hochzeit aus und lud zahlreiche Gäste ein. Nachdem sie sieben Tag lang gefeiert hatten, sprach der Radscha zu seinem Eidam:

«Es ist an der Zeit, daß du die Braut heimführst.»

Der Affe verneigte sich vor dem Radscha und sagte:

«Mahipati, der Prinz hat eine langwierige Krankheit durchgemacht, deshalb konnte er sich nicht in seine Residenz begeben. Wir müssen seinen Palast bewohnbar machen; deshalb bitte ich dich, dreitausend Arbeiter und Handwerker freizustellen und uns tausend Spitzhacken, tausend Spaten und tausend Äxte zu leihen.»

Der Radscha befahl den Arbeitern und den Handwerkern, ihre Werkzeuge zu nehmen und sich zur Abreise zu rüsten. Er selbst schloß sich dem jungen Paar an, denn er wollte das neue Zuhause seiner Lieblingstochter sehen.

Der lange Zug setzte sich in Bewegung; der Affe sprang immer voran. Sie ließen die Stadt hinter sich, machten halt, mal um sich zu verschnaufen, mal um sich zu laben. Als sie an der ersten Ortschaft vorbeigingen, sagte der Affe:

«Hier werden die Arbeiter und die Handwerker wohnen.»

Sie zogen weiter. Vor der nächsten Ortschaft erwartete sie der Affe und sagte:

«Hier wird die Gefolgschaft des Prinzen wohnen.»

Der Affe führte den Radscha und seine Begleiter durch einen Wald; er sprang behende von Baum zu Baum und hatte stets einen Vorsprung.

Der Weg führte zu einem prächtigen, mit Dickicht umwachsenen Palast, der einem Riesen gehörte. Der Affe wußte, daß der Riese und seine Frau, die Riesin, nicht anwesend waren; er ging in den Palast, öffnete die Fenster und die Türen. Vor dem Radscha und seinem Gefolge tat er, als wäre er der Hofmeister.

«Während der langen Abwesenheit meines Herrn ist das Gebäude verfallen und der Garten verwildert. Deshalb habe ich dich, Mahipati, gebeten, Männer mit Spitzhacken, Spaten und Äxten freizustellen.»

Der Palast war von haushohem Dickicht umgeben; nur das Dach ragte hervor. Im Innern verbreiteten Gold, Silber und Edelsteine ein blendendes Licht; es war eine Pracht. Der Radscha und seine Tochter waren begeistert, dem Prinzen war angst und bange.

Der Radscha und seine Begleiter ruhten sich aus, speisten und vergnügten sich; am nächsten Tag verabschiedeten sie sich vom Prinzen und machten sich auf den Heimweg. Die Sache schien einen guten Verlauf zu nehmen.

In den Abendstunden kamen die Riesin und der Riese an. Sie wären in den Palast gestürmt, hätten sie nicht die Menschen mit Spitzhacken, Spaten und Äxten erblickt; der Palast wimmelte von ihnen.

«Eine aussichtslose Lage!» riefen die Riesin und der Riese; sie machten sich davon und kamen nie wieder.

Der Affe ließ das Dickicht roden, Teiche und Becken anlegen, Zimtbäume, Bananen, Kokospalmen und Blumen pflanzen und rings um den Palast Häuser erbauen. Der Palast war das schönste Gebäude.

Der Prinz und seine Gemahlin führten ein Leben voll Freude und Glück. Nach einiger Zeit ließen sie an die Eltern und die Brüder des Prinzen Einladungen ergehen. Als alle Vorbereitungen zum Empfang der Gäste getroffen waren, sagte der Affe zu seinem Herrn:

«Du hast mir das Leben gerettet. Ich wollte mich erkenntlich zeigen und habe alles, was in meiner Macht stand, für dich getan. Nun will ich von dir scheiden. Du bedarfst meiner Hilfe nicht mehr. Du hast eine gute Frau, deshalb bedarfst du meines Schutzes nicht mehr.»

Der Prinz umarmte seinen treuen Diener und sagte:

«Ich danke dir aus tiefem Herzen; ich danke dir für alles, was du für mich getan hast. Er fülle mir eine letzte Bitte!»

«Das will ich gerne tun!» «Geh nicht fort, ohne dich würde ich mich einsam und verlassen fühlen», bat der Prinz.

Der Affe blieb bis an sein Lebensende bei dem Prinzen.

GESCHICHTEN VON WEISEN UND VON DUMMKÖPFEN

Aus allen Winkeln der wunderschönen Insel Lanka strömten Sänger und Dichter an Ilangoras Hof. In den kühlen Gemächern und in den schattigen Höfen gab es einladende Plätzchen, wo sie beisammensitzen und frohe Feste feiern konnten. Der Fürst und seine Freunde pflegten ernsthafte Gespräche zu führen. Aber es gab auch Abende, an denen sie die Sorgen des Alltags vergaßen, an denen sie unbekümmert und ausgelassen wie Kinder waren. Niemand hätte die lachenden und scherzenden Männer für die Zierde ihres Standes und des fürstlichen Hofes gehalten.

Eines Tages saßen sie recht gemütlich beisammen, da ließ sich ein Dichter, den Fürst Ilangora hochschätzte und dessen Gedichte er gerne hersagte, vernehmen:

«Wer vermag zu sagen, wo die trennende Linie zwischen Dummheit und Klugheit verläuft; wer vermag zu sagen, wann der Augenblick eintritt, in dem auch der klügste Mann dumm und der dümmste Mann klug wird.»

Der jüngere Gefährte des Dichters fügte hinzu:

«Und wer vermag zu erklären, warum ein dummes Geschwätz viel seltener ohne Wirkung bleibt als ein kluges Wort! Jeder weiß, daß ein Schatzgräber töricht wäre, taubes Gestein anzuhäufen statt nach einem einzigen Edelstein, an dem sich die Augen nicht satt sehen können, zu suchen. Sollten in Worte gekleidete Gedanken weniger Beachtung verdienen als Edelsteine?»

Und Fürst Ilangora sprach:

«Wer vermag schon zu sagen, wann sich hinter einer Rede der Wille verbirgt, klug zu handeln?»

«Worte, leere Worte!» sagte in spöttischem Ton ein namhafter Sänger. «Mich interessieren Menschen von Fleisch und Blut, vor allem weise und dumme Menschen; erzählt von ihnen!»

Der dumme Radscha und der faule Berater

In einem fernen Land herrschte einmal ein sonderbarer Radscha. Sein Horizont reichte nicht über seine Nasenspitze hinaus. Jedesmal, wenn ihm seine Berater einen Vorschlag machten, der ihm mißfiel, oder wenn sie seine Ideen nicht gutheißen wollten, erzürnte er sich über sie.

Eines Tages nahm er sich vor, keinen Widerspruch mehr zu dulden. Er sprach zu seinen Beratern und Höflingen:

«Ich erwarte, daß ihr zu allem ja sagt; tut ihr es nicht, so seid ihr des Todes!»

Da der Radscha sein Wort nicht zurücknahm, hatte er bald keinen einzigen Berater mehr. Einige seiner Ratgeber hatten das Land verlassen, die übrigen hatte der Radscha zum Tode verurteilt und hinrichten lassen. Die Bewohner des Landes gaben dem Herrscher den Spitznamen König Ja.

Doch ohne Berater und Höflinge kann kein König auskommen. Als der Radscha keinen einzigen Jasager in seiner Residenz hatte, ließ er im ganzen Lande austrommeln, er suche kluge Berater. Kluge Männer wollten ihr Leben nicht aufs Spiel setzen; so kam es, daß sich beim König nur ein einziger Mann meldete — ein Faulpelz, der die Zeit totschlagen und sich höchstens dazu bequemen wollte, zu Mittag die Sterne zu zählen. Er wollte zu allem ja sagen und hoffte, er werde wie im Schlaraffenland leben.

Vor dem Radscha machte er eine tiefe Verbeugung und sagte:

«Du suchst einen fähigen Berater, Mahipati; ich biete dir meine Dienste an.»

Die Worte waren schwer verständlich, denn der Bewerber war zu faul, um den Mund aufzutun.

«Gut, daß du gekommen bist», brummte der Radscha. «Ich brauche guten Rat und erwarte, daß du ihn mir gibst. Meinst du, daß ich Gold gewinne, wenn ich Gold aussäe?»

«Ja, Mahipati, die Sache wird gewinnbringend sein», erwiderte der Faulpelz. Er verschwieg jedoch, für wen sie gewinnbringend sein würde.

«Gut, dann lasse das Gehölz roden, die Erde umgraben und die Saat bestellen. Halte deine Zunge im Zaume; wehe, wenn du etwas ausplauderst!»

«Ja, Mahipati», antwortete der Faulpelz. Ungewöhnlich schnell machte er sich auf den Weg, um aus den nahegelegenen Dörfern Samen der Tamariske zu holen.

Den Bauern befahl er, im Flußgebiet ein Stück Wald zu roden, das Feld zu umzäunen und den Boden zu bearbeiten. Als diese Arbeiten verrichtet waren, begab sich der neuernannte Berater zum Radscha, machte vor ihm eine tiefe Verbeugung und sagte:

«Wir sind soweit, Mahipati; wir brauchen nur noch das Saatgut — die Goldmünzen.»

«Nimm, was du brauchst.»

Der Berater lud mehrere Säcke voll Goldmünzen auf ein Gefährt und fuhr schnurstracks zu seinem Haus. Die Faulheit verging ihm, so eilig hatte er es, die Beute in Sicherheit zu bringen. Dann ließ er die Rodung mit Tamarisken besäen; Tag für Tag ging er aufs Feld, um zu sehen, ob die Saat aufging.

Nach einiger Zeit erkundigte sich der Radscha bei seinem Berater, ob die goldene Saat aufgegangen sei.

«Ja, Mahipati; alles ist in bester Ordnung», antwortete der Faulpelz.

«Das freut mich. Ich will sehen, wie das Gold sprießt.»

«Ja, Mahipati», erwiderte der Berater und führte den Radscha aufs Feld. Die jungen Sprossen der Tamariske glänzten in der Sonne wie Gold.

«Ausgezeichnet!» rief der Radscha und rieb sich die Hände.

Die Sonne brannte, als sie den Rückweg antraten; bald ermüdeten sie. Der Radscha machte einen Vorschlag:

«Wir wollen im Fluß baden!»

«Ja, Mahipati», sagte sein Begleiter.

Sie entkleideten sich unter einem Baum. Der Radscha nahm auch seinen Goldschmuck ab und befahl dann seinem Berater:

«Zuerst gehe ich ins Wasser, du bleibst solange hier!»

Noch ehe der Berater sein Ja gesagt hatte, sprang der Radscha ins Wasser. Es war ein reißender Strom mit zahlreichen Wirbeln; erst riß der Strom den Radscha mit sich, dann zog ihn ein Strudel in die Tiefe. Es gelang dem Radscha aufzutauchen und «Hilfe, ich ertrinke!» zu rufen, da geriet er wieder in einen Strudel.

«Ja, Mahipati!» rief der Faulpelz, rührte sich aber nicht. Der Strom riß den Radscha mit sich und trug ihn fort.

Es dämmerte. Der Faulpelz erhob sich, legte das Gewand und den Schmuck des Radschas an, dann kehrte er in die Residenz zurück.

Seit jenem Tag regierte der Faulpelz das Land; er regierte es viel besser, als es König Ja getan hatte. Oft vergaß er über den Regierungsgeschäften die Faulenzerei. Kein Wunder, daß ihm die Menschen ein gutes Andenken bewahrten.

Des Dichters Fluch

Es war einmal ein großer Dichter, der lebte in einem mächtigen Reich. Sowohl der Maharadscha und die Gelehrten, welterfahrenen Männer am Hofe als auch die einfachen Leute im Lande schätzten ihn hoch. Junge und Alte kannten seine Gedichte; Edelleute und fahrendes Volk trugen sie vor.

Stets zwang der Dichter die Zuhörer in seinen Bann, mochte seine Dichtung erzählend, spannungsgeladen oder stimmungsvoll sein. Seine Worte blieben nie ohne Wirkung, sie hatten eine große Kraft. War in der Dichtung von alten Zeiten die Rede, so versetzten sich die Zuhörer in diese Zeiten; war von wilden Tieren die Rede, so wurde den Zuhörern angst und bange. Gedichte, die von Liebesglück und Liebesleid erzählten, ergriffen auch gefühlskalte Menschen.

Der Dichter hatte nicht seinesgleichen; seine Kunst erregte die Bewunderung aller.

Eines Abends richtete der Maharadscha an den Dichter die Frage: «Wie stellst du es an, daß deine Dichtung einen besonderen Zauber auf die Zuhörer ausübt? Übt sie diese Wirkung aus, weil du deine Worte sorgfältig auswählst oder weil du aus ihnen schillernde Bilder wie aus glänzenden Steinchen zusammensetzt? Hängt die Wirkung deiner Worte vielleicht davon ab, ob du sie mit leiser oder lauter, mit ruhiger oder erregter Stimme, bei Tageslicht oder bei Feuerschein vorträgst? Wie machst du es, daß deine Dichtung so zu Herzen geht? Doch wenn ich deine Gedichte aufsage, so klingen sie wie hohle Worte.»

Der Dichter antwortete:

«Meine Worte spiegeln meine Gedanken wider. Ich klaube sie nicht zusammen, sie sprudeln von meinen Lippen. Ich kann die Sache nicht anders erklären, Mahipati, aber ich will darüber nachdenken.»

Der Dichter machte vor dem Maharadscha und seinen Gästen eine tiefe Verbeugung, dann begab er sich nach Hause. Vor Müdigkeit fielen ihm die Augen zu, deshalb ging er gleich zu Bett. Nach einiger Zeit fuhr er aus dem Schlaf auf; er vermeinte Geflüster, Geräusche und Schritte zu hören.

Er dachte: Träume ich? Sind Einbrecher in meinem Hause? In dem Augenblick hörte er, daß jemand das Haus durchstöberte. Eine große Wut packte ihn; es fehlte nicht viel , so wäre er aufgesprungen und hätte sich mit der Waffe in der Hand auf die Eindringlinge gestürzt. Da kam ihm das Gespräch, das er mit dem Maharadscha geführt hatte, in den Sinn.

Der Dichter entschloß sich, die Kraft seiner Worte auszuprobieren. Er preßte die Lippen zusammen, nahm Palmblatt und Griffel und schrieb bei Mondschein einen Fluch nieder. Dann schob er das beschriebene Blatt unter sein Kissen und legte sich wieder schlafen.

Am frühen Morgen erwachte der Dichter. Er erhob sich von seinem Lager und schlich sich ins Nebenzimmer; dort fand er die Einbrecher. Sie waren zu Stein geworden: Zwei Männer lagen unter einer mit Kleidungsstücken, Schriften und Münzen angefüllten Truhe, zwei ihrer Kumpane griffen nach der schönsten Statue. Ein Mann war zu Stein geworden, als er Kostbarkeiten in einem Teppich wegbringen wollte, und ein anderer, als er sich an eine große, beschlagene Truhe heranmachte. Der Dieb, der Schmiere gestanden hatte und die Türklinke in der Hand hielt, war ein blutjunger Bursche.

Das Wort hat eine große Kraft! mein Wort hatte eine solche Kraft, weil ich an seine Wirkung glaubte! dachte der Dichter. Plötzlich geriet er in Bestürzung, er bedeckte das Gesicht mit den Händen und rief aus:

«Darf man denn um des Eigentums willen so viele Menschenleben opfern? Einen Teil der Kostbarkeiten hätte ich ersetzen können, den anderen hätte ich entbehren können. Das Leid, das ich den Müttern, den Frauen und den Kindern dieser Einbrecher zugefügt habe, wird auf mir lasten; ich werde meines Lebens nicht froh werden, weil ich ein zu strenger Richter war.»

Da hörte er die demutsvollen Worte:

«Verzeih uns, Herr, daß wir uns gegen dich vergangen haben. Erfülle unsere flehentliche Bitte, liefere uns nicht aus! Wir wollen alle Gegenstände auf ihren Platz zurück tun und dann verschwinden. Nie wieder wollen wir ohne dein Wissen den Fuß über diese Schwelle setzen.»

«Das Wort hat eine große Kraft!» rief der Dichter hocherfreut aus. «Es schenkt Lebenskraft und Seelenfrieden; ein Fluch im Zorn hingegen fällt auf den Fluchenden zurück. Kommt, habt keine Furcht, waschet euch und esset in meinem Haus. Laßt ihr künftig die Finger von meinem Eigentum, so dürft ihr dieses Haus betreten, ich will euch dann Speise und Trank reichen.»

Der blutjunge Dieb blieb im Hause des Dichters. Er eignete sich Kenntnisse und Fähigkeiten an, die ein redlicher Mann brauchen kann. Auch die anderen Männer ließen von der Dieberei und erlernten ein ehrliches Gewerbe.

Sowohl der Maharadscha und die vielen Gelehrten, welterfahrenen
Männer am Hofe als auch die einfachen Leute im Lande
hörten von dieser seltsamen Begebenheit
und mußten staunen.

Der Kluge
und der Angsthase

Es waren einmal zwei Brüder; der ältere von beiden war hübsch, klug und gewandt, der jüngere hingegen unschön, einfältig und schwerfällig. Der Vater war stolz auf seinen Erstgeborenen, während die Mutter ihren Kleinen verhätschelte und verweichlichte. So kam es, daß der ältere Bruder Tapferkeit an den Tag legte. Der jüngere Bruder aber war ängstlich; die Leute sagten, er sei ein ängstlicher Dummkopf oder ein einfältiger Angsthase.

Als die Brüder im Jünglingsalter waren, schickte der Vater seinen Erstgeborenen in die weite Welt. Er sagte zu ihm:

«Ich gebe dir gute Waffen und einen vollen Geldbeutel, die Mutter gibt dir ein Säckchen Reis. Ziehe in die Welt hinaus, lieber Sohn; du bist klug und gewandt, vielleicht wirst du eine große Tat vollbringen.»

Der Jüngling hatte diesen Augenblick sehnlichst erwartet. Er paßte einen günstigen Zeitpunkt ab und verließ dann das Elternhaus. Er ging,

und ging immer weiter, bis er schließlich in eine prächtige Stadt kam. Im königlichen Palast bekam er eine gute Anstellung.

Der Berater des Königs wurde auf den stattlichen und gewandten Jüngling aufmerksam; er gewann den Eindruck, dieser würde sowohl einen guten Höfling als auch einen guten Eidam abgeben.

Die Eltern erfuhren davon, daß ihr älterer Sohn am königlichen Hofe sein Glück gemacht hatte; sie waren hocherfreut.

«Wir sollten auch unseren jüngeren Sohn in die weite Welt schicken. Mag sein, daß aus ihm noch etwas wird», sagte der Vater.

Die Mutter war erst dagegen, aber dann willigte sie ein. Der Vater gab dem jüngeren Sohn weder Waffen noch Geld mit auf den Weg. Er meinte: «Wozu braucht ein so ängstlicher Mensch wie du Waffen? Wozu brauchst du Geld? Sicherlich würde unser Sohn die Waffen verlieren und das Geld verschenken.»

Der Jüngling ging durch das Land; unterwegs ernährte er sich von Reis und den Kuchen, die ihm die Mutter als Wegzehrung gegeben hatte. Schließlich kam er in die prächtige Stadt, in der sich sein Bruder aufhielt. Unverzüglich suchte er diesen am königlichen Hofe auf.

Der ältere Bruder tat, als würde er sich über die Ankunft des jüngeren freuen, aber in der Tiefe seiner Seele schämte er sich für ihn. Gerne wäre er ihn losgeworden; er zerbrach sich den Kopf, wie er das geschickt einfädeln könnte. Er hätte sich die Sache viel Geld kosten lassen.

Schon am nächsten Tag bot sich dazu eine gute Gelegenheit. Der Herrscher eines mächtigen Nachbarlandes hatte große Sorgen wegen eines Leoparden. Das Raubtier überfiel die Dörfer und gefährdete dort Menschen und Tiere. Es war den Männern, die ihm nachstellten, stets entkommen und im undurchdringlichen Dickicht verschwunden.

«Den, der das Raubtier unschädlich macht, wird der Radscha reich belohnen», sagten die Abgesandten des Königs.

«Mein Bruder traut sich zu, einen Leoparden zu erjagen. Er ist ein gewandter Jüngling; mangelnde Kraft gleicht er durch scharfen Verstand aus. Er träumt davon, eine Heldentat zu vollbringen», redete der ältere Bruder den Besuchern aus dem Nachbarland ein.

Diese konnten es kaum erwarten, daß ihnen der junge Höfling seinen Bruder vorstellte. Sie nahmen sich nicht die Zeit, den jüngeren Bruder richtig anzusehen oder ihn auszufragen; sie setzten ihn auf einen Elefanten und traten mit ihm den Heimweg an.

Am Hof des Radschas angelangt, führten sie den Jüngling vor ihren Herrn und sagten:

«Mahipati, wir haben im benachbarten Königreich einen Jüngling gefunden, der den Mut aufbringt, auf den Leoparden Jagd zu machen. Er ist gewandt; mangelnde Kraft gleicht er durch scharfen Verstand aus.»

Der hocherfreute Radscha fragte:

«Was brauchst du, tapferer Jüngling, um den Leoparden erlegen zu können? Wir wollen alles bereitstellen; inzwischen sollst du unser lieber Gast sein.»

Der jüngere Brüder machte eine tiefe Verbeugung und antwortete:

«Ich brauche einen großen eisernen Käfig, einen Bogen, Pfeile und Speere, außerdem Speise und Trank für drei Monate.»

Die Anwesenden gerieten in Erstaunen. Sollte der Jüngling beabsichtigen, den Leoparden in den Käfig einzufangen? Doch dieser verlor nicht die Fassung, und der Radscha befahl, die gewünschten Dinge bereitzustellen.

Alle Leute am Hofe erwiesen dem Jüngling große Ehren, als wäre er ein König; alle bezeigten ihm ihre Gunst.

Vor allen Personen bevorzugte der Jüngling die älteste Tochter des Radschas. Sie war das liebenswürdigste Mädchen am Hofe. In der Kindheit war sie nach einer schweren Krankheit nahezu blind geworden; deshalb konnte sie nicht sehen, daß der Jüngling unschön war. Seine ruhige Stimme war für sie Musik.

Der Jüngling kämpfte gegen seine Bangigkeit an; er dachte lieber an die schöne Radschini als an den Leoparden.

Doch alles nimmt mal ein Ende; auch die schönen Tage am Hofe des Radschas gingen vorüber. Die Schmiede lieferten einen großen eisernen Käfig, die Waffenmeister schafften einen Bogen und Pfeile, kurze und lange Speere herbei, die Diener brachten Speisen, Getränke, Nüsse und Dörrobst angeschleppt. Die Träger luden alles auf Elefanten, dann setzte sich der Zug in Bewegung.

Die Jäger führten den Jüngling an einen Ort, wo das Dickicht undurchdringlich war. Von dort pflegte der Leopard zu kommen und auf Raub auszugehen, Menschen, Büffel, Hirsche und Ziegen zu überfallen.

Der Jüngling ging zu einem mächtigen, dichtbelaubten Baum, der auf einer Lichtung stand, und befahl den Trägern, den Käfig mit den Vorräten und den Waffen an einem dicken, gegabelten Ast zu befestigen. Dort hatte man einen guten Überblick über die ganze Lichtung.

Der Jüngling machte es sich im Käfig bequem und dachte: Ich werde keinen Mangel leiden, und auch der Leopard wird mir nichts anhaben können.

Er saß in seinem Käfig und träumte bei Tag und Nacht von der lieblichen Radschini.

Die Tage vergingen. Eine Woche, zwei Wochen, drei Wochen gingen dahin, ohne daß sich etwas ereignet hätte. Eines Morgens ertönte ein ohrenbetäubendes Gebrüll. Das Blut stockte dem Jüngling in den Adern, er zitterte vor Angst. Er dachte: Der Leopard wird den Käfig zu Boden reißen, dann wird es um mich geschehen sein!

Das Raubtier flog wie ein Pfeil über die Lichtung; es witterte die Beute, wetzte seine Krallen an der rauhen Baumrinde und setzte zum Sprung an. Da entglitt ein Speer den zitternden Händen des Jünglings, er fiel durch das Gitterwerk des Käfigs und traf den Kopf des Leoparden. Das verwundete Tier brüllte auf; es jagte davon, stürzte in das Dickicht und verschwand.

Eine Gruppe von Jägern, die der Radscha dem Jüngling nachgeschickt hatte, sah alles mit an. Ehe sich die Männer versahen, war das Raubtier verschwunden. Sie folgten seiner Spur, doch diese verlor sich im Dickicht. Der Leopard war wie vom Erdboden verschluckt.

Die Jäger gaben dem Jüngling das Geleit, als wäre er ein großer Heerführer. Die Kunde vom Kampf mit dem Leoparden hatte sich mit Windeseile verbreitet. Vor dem königlichen Palast hatte sich eine

Menschenmenge angesammelt. Die Menschen feierten den Jüngling, der den Leoparden bezwungen hatte.

Auf Anraten seiner Ratgeber vermählte der Radscha seine älteste Tochter mit dem Jüngling. Er tat es zur guten Stunde, denn mit der Zeit wurde der Jüngling, dem eine kluge Frau zur Seite stand, klug und mutig.

Der Glückspilz

Es war einmal ein junger, tüchtiger Kaufmann, dem seine Frau einen Sohn gebar. Das Paar freute sich sehr über die Geburt des Kindes; als ihnen ein Seher prophezeite, der Knabe werde klug, tapfer und auch ein Glückskind sein, da wußten sie sich vor Freude nicht zu fassen. Sie waren bereit, unermüdlich zu arbeiten, falls sie dadurch das Glück und den Erfolg ihres Sohnes erkaufen konnten.

Das Glück blieb aus, ein Unglück ereilte sie. Der Kaufmann erkrankte und starb. Die arme Witwe brachte sich mühevoll und kümmerlich durch; trotzdem schickte sie ihren Sohn zur Schule.

Der Sohn wuchs zu einem tüchtigen Jüngling heran. Eines Tages, als er aus der Schule kam, sah er im Hafen ein neues, großes Schiff. Er schaute zu, wie man die Schiffsladung löschte, wie Lastträger Säcke, Körbe und Kisten schleppten. Er kam dem reichen Schiffsreeder in die Quere; dieser wurde auf den Schüler aufmerksam und fragte im Spaß:

«Möchtest du, lieber Sohn, ein solches Schiff kaufen?»

«Lieber heute als morgen möchte ich ein solches Schiff kaufen. Ist es denn verkäuflich?» erkundigte sich der Knabe.

«Es ist nicht verkäuflich, aber dir würde ich es überlassen», spaßte der Reeder.

«Wieviel verlangt Ihr dafür, mein Herr?» wollte der Knabe wissen.

«Nun, das Schiff ist Tausende wert, doch dir würde ich es für fünf Hunderter überlassen», antwortete der reiche Mann und machte dabei eine ernste Meine.

Der Knabe lief in einen nahegelegenen Laden und bat den Ladenbesitzer, ihm eine Viertelrupie zu leihen; als Pfand wollte er seine neuen Palmblätter, in verzierte Buchdeckel gebunden, zurücklassen. Nach kurzem Zögern willigte der Ladenbesitzer ein.

Der Knabe nahm das Geld, lief in den Hafen und gab dem Reeder die Viertelrupie mit den Worten:

«Ich mache eine Anzahlung auf das Schiff, den Rest bezahle ich morgen vormittag.» Wortlos, ohne das Gesicht zu verziehen, nahm der Schiffsreeder das Geld in Empfang, dann wandte er sich den Hafenarbeitern zu.

Die Mutter bemerkte sofort, daß der Knabe ohne Schriften aus der Schule nach Hause gekommen war. Als er ihr alles wahrheitsgetreu berichtet hatte, brach sie in Tränen aus und rief:

«Geh! Ohne die Schriften komm mir nicht unter die Augen!»

Der Knabe lief aus dem Haus. Auf dem Weg zum Hafen begegnete er einem weißhaarigen Greis, dem angesehensten Kaufmann der Stadt.

«Helft mir, mein Herr! Ich flehe Euch an», sprach ihn der Knabe an. Dann erzählte er ausführlich von seiner Abmachung mit dem Schiffsreeder und fügte hinzu:

«Bitte leihet mir jetzt eine Viertelrupie, damit ich das Pfand einlösen kann, und morgen gebt mir den Rest des Kaufpreises. Das Schiff und seine Ladung soll Euch gehören; ich will in See stechen und auf Eure Rechnung Handel treiben.»

«Bekommst du das Schiff, das Tausende wert ist, für fünf Hunderter, so bist du, lieber Sohn, ein wahrer Glückspilz», sagte der Greis. Er fand an dem beherzten Jüngling Gefallen. Am nächsten Morgen gab er ihm den gewünschten Betrag und begleitete ihm zum Hafen.

«Ich will Euch, mein Herr, den geforderten Kaufpreis bezahlen. Setzt, bitte, den Kaufvertrag auf und übergebt mir das Schiff, wie es nach Abschluß eines Geschäftes üblich ist», sagte der Knabe zum Reeder.

Dieser war verblüfft, als ihm der mittellose Knabe den Geldbetrag überreichte und wie ein erfahrener Kaufmann mit ihm sprach. Nach einer Weile faßte er sich und rief aus:

«Was! Du willst mich um mein redlich erworbenes Gut bringen? Für fünf Hunderter willst du mir mein stolzes Schiff, das Tausende wert ist, abkaufen? Nur im Spaß habe ich den lächerlichen Kaufpreis angesetzt, doch mein Wort kann ich nicht zurücknehmen. Du sollst das Schiff haben; mag sein, daß ich noch auf meine Rechnung komme. Du aber mußt unter einem glücklichen Stern geboren sein!»

Der Knabe war vor Freude außer sich. Er lief jauchzend zum greisen Kaufmann:

«Der Reeder hat mir das Schiff verkauft, es gehört mir! Nein, es gehört Euch, mein Herr, Ihr habt ja den Kaufpreis bezahlt. Bitte lasset das Schiff laden, heuert erfahrene Seeleute an und vertraut mir das Schiff an. Ich will über See reisen und in fernen Ländern Handel treiben.»

Der Kaufmann nahm diese Rede beifällig auf und sagte: «Du bist kein Kind mehr, du bist ein tüchtiger junger Mann. Ich habe dir mein Schiff für einen Pappenstiel überlassen, doch ich bereue es nicht. Ich will das Schiff blitzblank scheuern lassen und eine Mannschaft samt Kapitän anheuern. Auch möchte ich dich mit dem Verkauf meiner Waren betrauen; erzielst du einen größeren Gewinn, so soll mir dieser den jetzigen Verlust ersetzen.»

Der greise Kaufmann und der Reeder ließen Tausende von Säcken Reis laden, dann nahmen sie vom Jüngling Abschied. Der Kapitän gab

den Befehl, den Anker zu lichten. Der Wind blähte die Segel; bald entschwand das Schiff am Horizont.

Ein Tag nach dem anderen verrann. Die See war mal ruhig, mal stürmisch; einmal drohte das Schiff im Sturm unterzugehen. An langen Tagen, auch bei guter Sicht, sahen die Seeleute vom höchsten Mast nichts als Wasser. Sie waren schon mehrere Wochen unterwegs, da rief eines Tages, als der Morgen graute, eine Stimme:

«Land in Sicht! Land in Sicht!»

Das Schiff steuerte der Küste zu. Die Gegend schien nicht unwirtlich zu sein; verstreute Siedlungen wurden im Dickicht sichtbar. Im Hafen tummelten sich seltsame Wesen: Die Gestalt war die eines Menschen, der Kopf war der eines Tieres — eines Bären, eines Hundes, eines Vogels, eines Elefanten, eines Hirsches oder eines Büffels.

Der Kapitän und die Seeleute gerieten in Angst, als sie die Ungeheuer erblickten. Doch da sie keine Vorräte an Trinkwasser, Gemüse, Obst und Dörrfleisch mehr hatten, mußten sie den Hafen anlaufen.

«Falls diese seltsamen Wesen unser Schiff stürmen, sind wir verloren!» flüsterte der Kapitän dem Jüngling zu.

Dieser erwiderte:

«Warum sollten sie das tun? Sagt dem Koch, er solle mehrere Kessel Reis kochen, wir wollen die Leute bewirten.»

Der Koch bereitete gewürzten Reisbrei zu und buk mit Honig gesüßte Reiskuchen, die einen angenehmen Duft ausströmten; das Wasser lief allen im Munde zusammen. Dann luden die Seeleute die Eingeborenen ein und setzten ihnen die Speisen vor. Die Gäste sagten:

«Das ist Reis? Er schmeckt gut!»

Und ihr König sprach:

«Verkauft uns von eurem Reis, das ist fürwahr eine königliche Speise.»

«Zeigt uns, wie man Reis zubereitet», ergänzte sein erster Berater.

Schließlich kauften die Eingeborenen dem Jüngling die Hälfte des Reises ab und wogen diesen mit purem Gold auf.

Das Schiff lief am frühen Morgen aus; es segelte mit gutem Wind und glitt auf den Wellen schnell dahin.

In einem fernen Königreich stiegen der Jüngling und seine Gefährten das zweite Mal ans Land. Sie tischten dem König und seinen Höflingen, die noch nie Reis gegessen hatten, köstliche Reisgerichte auf. Diese schmeckten dem Herrscher so gut, daß er dem Jüngling allen Reis abkaufte. Er zahlte mit purem Gold und als Zugabe überreichte er zwölf mit Gold und Silber gefüllte Säcke.

«Wir haben unsere Ware abgesetzt, wir fahren heim!» Die Seeleute jubelten. Doch der Jüngling beschloß, über ein drittes Land in die Heimat zu fahren.

Sie kamen in ein Land, wo Gold rar und deshalb kostbar war. Für einen Teil seines Goldes und Silbers kaufte der Jüngling seltene und teure Waren, die sich in seiner Heimat nur reiche Leute leisten konnten; er lud feines Leder, leichte und schwere Gewebe, Waffen, Geschmeide und Gewürze. Unweit des Ankerplatzes war eine Schiffswerft, die seefeste Schiffe baute. Der Jüngling kaufte neun Schiffe, ließ diese beladen und heuerte Seeleute an, dann ging es heimwärts. Ein günstiger Wind blähte die Segel; nach langer Fahrt war die Insel Lanka in Sicht.

Die Männer, die die Hafeneinfahrt bewachten , hielten die zehn Schiffe für eine feindliche Flotte. Auf Befehl des Radschas fuhren seine Berater den Schiffen entgegen; sie sollten erkunden, woher die Seefahrer kamen und was sie im Schilde führten.

Der Jüngling sandte dem Radscha die Botschaft:

«Die Schiffe steuern das heimatliche Ufer an. Sie und ihre Ladung gehören dem angesehensten Kaufmann der Stadt.»

Der greise Kaufmann und der Reeder eilten in den Hafen und erkannten das eine Schiff wieder. Sie erzählten den Umstehenden, was für ein Geschäft der Reeder gemacht hatte, und fügten hinzu:

«Es ist lange her, daß das Schiff aus dem Hafen ausgelaufen ist; seither hatten wir vom Jüngling und seinen Gefährten keine Nachricht. Über neun Schiffe können wir keinen Aufschluß geben; sie wurden nicht von hiesigen Meistern gebaut.»

Dann ließen sich beide Männer zum größten Schiff fahren.

Der Jüngling machte vor ihnen eine tiefe Verbeugung und sagte:

«Meine Herren, ich habe Euren Reis gut verkauft; für einen Teil des Erlöses habe ich neun Schiffe sowie kostbare Waren erworben. Auch Truhen voll Gold haben die Schiffe geladen. Übernehmt, bitte, die Ladung.»

«Nein, lieber Sohn! Du bist ein Glückspilz, du hast gewinnbringende Geschäfte gemacht. Zahle mir die fünf Hunderter zurück, die ich dir geliehen habe, und setze einen guten Preis für meinen Reis an. Es würde mir kein Glück bringen, wenn ich von dir mehr annehmen würde. Dann biete mir noch deine Waren zum Kaufe an.»

Der Jüngling wußte nicht, wie er dem redlichen Kaufmann danken sollte.

Da meldete sich der Reeder zu Worte:

«Gestatte, daß ich die fünf Hunderter zurückzahle. Du hast neun Schiffe erworben, da kannst du auf das zehnte Schiff verzichten. Gib es mir zurück und setze einen guten Preis für meinen Reis an. Ich will die Seeleute, die auf deinen Schiffen Dienst getan haben, reich belohnen. Alles, was du von deiner Reise mitgebracht hast, ist dein rechtmäßiger Besitz.»

Der Radscha hörte vom Jüngling, der unter einem glücklichen Stern geboren war, lud ihn an seinen Hof und ernannte ihn zum Verwalter der königlichen Schatzkammer.

Das Glück blieb dem Jüngling hold. Er ließ einen wunderschönen Palast erbauen und schmückte ihn mit vielen Kostbarkeiten aus. Er nahm seine Mutter bei sich auf und bezeigte ihr seine Achtung und seine Liebe; sie führten ein ruhiges und glückliches Leben. Die Schiffe des Glückskindes fuhren in die weite Welt. Sie brachten dem Besitzer großen Nutzen und dem Lande großen Ruhm ein.

Der dümmliche Radscha und die kluge Frau

Es war einmal ein Radscha, der war zwar stark, aber ohne Geisteskraft. Ein noch größerer Mangel war, daß er nur selten die weisen Ratschläge seiner Ratgeber annahm; ging aber eine Sache schief aus, so gab er den Ratgebern die Schuld.

«Ihr seid Hohlköpfe!» schrie er sie an.

Eines Tages warf er seinem Berater Überheblichkeit vor; er sagte:

«Du gibst vor, klug zu sein; so beweise es! Morgen sollst du mir fünf Märchen erzählen; überführe ich dich, und sei es in einem einzigen Falle, daß alles erdichtet und erlogen ist, so kommst du um den Kopf.»

In den Abendstunden kam der Berater nach Hause; er warf sich auf sein Lager, aß nicht und trank nicht.

«Bist du krank, mein Lieber, daß du weder nach Speise noch nach Trank verlangst, oder hast du Kummer?» fragte seine besorgte Frau.

«Ich brauche weder Speise noch Trank, ich bin dem Tode geweiht. Der Radscha wird mich morgen dem Henker überantworten.»

Dann erzählte der Berater seiner Frau, was sich am Hofe zugetragen hatte.

«Nimm Speise und Trank zu dir, dann pflege der Ruhe. Inzwischen will ich so viele Unwahrheiten erdichten, daß der Radscha mit offenem Munde dastehen wird.»

«Ich habe Angst, meine Liebe. Den Schaden, den ein Dummkopf anrichtet, können hundert Weise nicht gutmachen», seufzte der Berater. Schließlich faßte er wieder Mut; er baute auf seine kluge Frau.

In den Morgenstunden versammelten sich die Berater am Hofe.

«Was gibt es Neues im Land?» fragte sie der Radscha.

Der eine sagte, es gebe wenig Fische auf dem Markt, deshalb seien sie teuer. Der zweite erwähnte, man werde bald den neuangelegten Teich im königlichen Garten nutzen. Der dritte berichtete, die Perlenfischer hätten am Vortag einen guten Fang gemacht.

Dann meldete sich der Berater, der dem Radscha Märchen erzählen sollte, zu Worte. Er erzählte vom jungen Schiffsbauer, der auch für den Radscha gearbeitet hatte.

Der Schiffsbauer tat sich mit seinen Freunden — dem Goldschmied, dem Fischer und dem Jüngling, der Nüsse verkaufte — zusammen. Sie beluden ein Schiff, das der Schiffsbauer gebaut hatte, und beabsichtigten, gemeinsam Handel zu treiben. Im Hafen heuerten sie einen Koch an; dieser nahm seine Mutter mit auf das Schiff, denn er wollte sie nicht allein lassen.

«Ihr erinnert Euch wohl an das schwere Gewitter, das sich vorige Woche entlud», fuhr der Berater fort. «Der Sturm brach den Mast entzwei und riß das Segel hinweg. Das Schiff zerschellte an einer Klippe und ging mit Mann und Maus unter.

Nun sind die Reisenden heimgekehrt, sie haben nur eine andere Gestalt angenommen. Der Schiffsbauer hat sich in einen Ameisenspecht verwandelt; er fliegt von Baum zu Baum und beklopft das Holz, ob es sich zum Schiffsbau eignet. Der Goldschmied hat sich in eine Mücke verwandelt; diese belästigt die Menschen, sticht sie und macht dann «Piks! Piks!» Der Jüngling, der Nüsse verkaufte, hat sich in einen Rüsselkäfer verwandelt und steckt seinen Rüssel in die Nüsse. Der Fischer hat sich in einen Vogel verwandelt und taucht nach Fischen. Der Koch hat sich in einen Schakal verwandelt und heult «Muuutter!»

«Soso, neulich habe auch ich ein seltsames Geheul gehört; ich wußte jedoch nicht, wer heulte», warf der Radscha ein.

Der Berater schloß seine Rede:

«Heute sollte ich Euch, mein Herr und Gebieter, fünf Märchen erzählen. Ich habe es getan, ohne daß Ihr mich der Lüge bezichtigt hättet!»

Der Radscha war dümmlich, doch nicht dumm; er ließ sich nicht anmerken, wie sehr es ihn wurmte, daß er seinem Berater aufgesessen war. Er machte seinem Berater Gold und kostbare Perlen zum Geschenk.

Seither schmückte sich die kluge Frau des Beraters mit einer wunderschönen Perlenkette; es war eine Belohnung, die sie redlich verdient hatte. Die Eheleute lebten glücklich zusammen und erreichten ein hohes Alter.

Der Treiber

Es war einmal ein Mann, der in einem Dorf unweit des Urwaldes lebte. Er und seine Frau bestellten ihr Haus und Feld, trotzdem brachten sie sich nur kümmerlich durch.

Eines Tages begegnete der Mann einem Trommler und fragte:

«Was trommelst du aus?»

«Ich trommele aus, daß der Radscha einen tüchtigen Treiber sucht.»

Der Mann kehrte heim und rief von weitem seiner Frau zu:

«Der Trommler hat mir gesagt, daß der Radscha einen tüchtigen Treiber sucht. Ich will in die Stadt gehen und mich um die Stelle bewerben, denn ich verstehe, mit Elefanten umzugehen. Vielleicht nimmt mich der Radscha in Dienst.»

Am Hofe geleiteten ihn die Diener zum Radscha.

Der Mann machte eine tiefe Verbeugung und sagte:

«Ich habe gehört, daß du, Mahipati, einen tüchtigen Treiber suchst.»

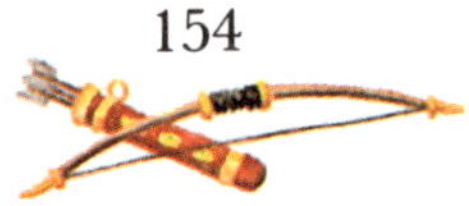

«Verstehst du mit Elefanten umzugehen und für sie zu sorgen?» fragte der Herrscher.

«Natürlich kann ich das, sonst hätte ich es ja nicht gewagt, mich um die Stelle zu bewerben. Ich verstehe, die Elefanten zu baden, abzureiben und auf die Weide zu treiben; ich verstehe auch, sie abzurichten, Lasten und Reiter zu tragen und auf der Straße ruhig zu bleiben. Welchen Lohn soll ich bekommen?»

«Reis für dich, Futter für die Elefanten und jährlich einen Tausender in bar.»

«Davon kann ich mit meiner Frau, meinem Sohn und meiner Tochter nicht leben.»

Der Radscha fand an dem Mann Gefallen. Er tat jedoch, als ob er unschlüssig wäre, und handelte wie eine Marktfrau. Schließlich einigten sie sich auf zwei Tausender jährlich.

Der Mann machte sich auf den Heimweg. Auf dem Waldweg, den er eingeschlagen hatte, fand er einen Ring. Ein unerhörter Glücksfall! Er hob den Ring auf und wischte ihn ab. Es war ein schwerer Ring mit einem großen feurroten Edelstein. Der Mann wickelte den Fund in ein Tüchlein und lief nach Hause; er lief, so schnell ihn die Beine trugen. Er verwarf den Gedanken, den Ring dem Goldschmied zu verkaufen. Dieser würde ihm kaum glauben, daß er den Ring im Walde gefunden hatte; er könnte ihn noch des Diebstahls bezichtigen. Der Mann beschloß, den Ring dem Radscha zu überbringen, und hoffte, dieser werde ihn reich belohnen.

Am nächsten Morgen machte der Treiber dem Radscha seine Aufwartung und brachte ihm den Ring dar; er sagte:

«Mahipati, nimm diesen Ring, falls du das Geschenk eines einfachen Mannes nicht verschmähst.»

Der Radscha stieß Rufe der Bewunderung aus, als er den Ring mit dem feuerroten Edelstein erblickte.

«Dieser Ring würde dem Radschadhiradscha ziemen. Woher hast du ihn?»

«Ich habe ihn gestern im Walde gefunden», antwortete der Treiber wahrheitsgemäß.

Der Radscha fragte dann nach dem Preise, und der Treiber erwiderte:

«Ich verkaufe den Ring nicht, ich schenke ihn dir, Mahipati.»

Der Radscha gab hocherfreut dem Treiber ein fruchtbares Stück Land und ließ seinen kräftigsten Elefanten mit soviel Korn, Matten, Hausrat, Truhen, Stoffen und Ziergegenständen beladen, wie dieser tragen konnte. Nun mußte sich der Treiber nicht mehr fürchten, daß er in Not geraten könnte.

Er verrichtete in Ruhe seine Arbeit und führte ein zufriedenes Leben. Das währte eine Zeitlang.

Eines Tages, um die Mittagszeit, lag der Treiber neben seinem Elefanten im schattigen Dickicht, da machte sich der Riese Rakshasa an ihn heran.

«Heda, du kleiner und schmächtiger Treiber, du gehörst mir!» rief er.

Dem armen Mann fuhr der Schreck in die Glieder, doch er ließ es sich nicht anmerken.

«Ich bitte dich, was hast du davon, wenn du mich holst? Du sagst doch selbst, daß ich klein und schmächtig bin.»

«Seit jeher gehören mir die Treiber des Radschas, ich werde bei dir keine Ausnahme machen!»

Dem Treiber ging ein Licht auf: Der schlaue Radscha hat mir ein fruchtbares Stück Land und einen hohen Lohn versprochen, denn er wußte, daß mich früher oder später der Riese holen würde. Ich und meine Angehörigen dauern ihn nicht!

«Du solltest lieber den Radscha holen, der ist weder klein noch schmächtig; davon wirst du mehr haben», redete der Treiber dem Riesen zu.

Rakshasa hörte auf den Treiber; er eilte in die Residenz und fragte den Radscha:

«Gehören die Elefanten, die der Treiber betreut, dir?»

«Natürlich gehören sie mir; alles ringsum gehört mir!»

«Deine Elefanten verursachen mir Schaden, deshalb bin ich gekommen, dich zu holen. Gut, daß du nicht so klein und schmächtig bist wie der Treiber.»

Dem Radscha fuhr der Schreck in die Glieder, doch er ließ es sich nicht anmerken. Er sprach:

«Ich bin alt und siech, ich wäre dir zu nichts nütze. Halte dich am Treiber schadlos.»

Der Riese fand am Radscha keinen Gefallen, deshalb kehrte er zum Treiber zurück.

«Da bin ich wieder. Der Radscha hat mir empfohlen, ich solle dich holen.»

«Nun gut», sagte der Treiber und lachte, obwohl ihm gar nicht danach zumute war. «Du kannst mich nicht so mir nichts, dir nichts holen. Gib mir als Entschädigung einen Sack voll Gold und Silber, lade ihn dem kräftigsten Elefanten auf, dann sollst du mich holen.»

Rakshasa sträubte sich dagegen, doch als der Treiber von seiner Forderung nicht abließ, willigte er schließlich ein. Der Riese rannte in seinen Palast; ehe sich der Treiber aufgerafft hatte, war er zurück, lud den vollen Sack auf den Rücken des Elefanten und streckte die Hand nach dem Treiber aus.

«Rakshasa, so hab doch Vernunft! Am königlichen Hof wird der kleine Sack auf dem großen Elefanten unbeachtet bleiben; es könnte auch sein, daß der Sack abhanden kommt. Verknote den Rüssel des Elefanten, das wird das Hofgesinde auf den Sack aufmerksam machen.»

Der Riese hörte auf den Treiber. Er versuchte den Rüssel des kräftigsten Elefanten zu verknoten, doch dieser ließ sich das nicht gefallen. Das Leittier trompetete und durchbohrte den Riesen mit seinen Stoßzähnen. Nie wieder mußte der Treiber gegen die Not ankämpfen, denn er hatte sein Feld, und obendrein besaß er Gold und Silber.

GESCHICHTEN VON HOLDEN JUNGFRAUEN

Es war allgemein bekannt, daß Fürst Ilangora gerne Gäste sah. Als sich seine älteste Tochter vermählte, versammelte er mehr Freunde und Gäste um sich als je zuvor.
Vier Jahre hatte der Bräutigam, ein junger Kumara, an Ilangoras Hof verbracht. Er hatte aus Schriften und bei weisen Männern gelernt, Dichter und Sänger hatten ihn in ihrer Kunst unterwiesen, und Krieger hatten ihm das Reiten und die Kriegskunst beigebracht. Die Jäger schließlich hatten ihn mit der Jagd vertraut gemacht.
Der Jüngling liebte und ehrte den Fürsten, als wäre er sein Vater. Als er das erste Mal der ältesten Prinzessin begegnete, da ging ihm das Herz auf. Ob sie nahe war oder fern, sein Herz schlug nur für sie.
Die Heirat war eine abgemachte Sache. Die Hochzeitsfeier wurde auf einen Tag angesetzt, den die Seher des Landes ermittelt hatten.
Als der Hochzeitstag zur Neige ging und eine sanfte Brise Erfrischung brachte, trat das junge Paar vor Ilangora hin. Die Braut neigte ihr mit Perlen geschmücktes Haupt, während der Fürst ihre Hand und die des Bräutigams durch einen Faden verband. Die Brautleute hoben die verbundenen Hände und zerrissen den Faden. Dann reichten sie einander Reis und achteten darauf, daß kein einziges Reiskorn zu Boden falle. Das war Brauch und Sitte.
«Ich wünsche dir ein langes Leben», flüsterte die Prinzessin ihrem Gemahl zu.
«Auch ich wünsche dir ein langes Leben», erwiderte der Kumara.
«Ich wünsche euch beiden ein langes Leben», sagte der Fürst mit bewegter Stimme.
Lagerfeuer brannten; ihr rötlicher Schein zeichnete sich gegen den nächtlichen Himmel ab.
Die Gäste aßen gekochte und gebratene Fische, Wildbret, Geflügel auf zwanzigerlei Art, gewürzte Kuchen und mit Honig gesüßtes Gebäck, Nüsse und Obst. Alte und Junge vergnügten sich.
Musiker spielten auf, Sänger sangen von treuer Liebe, Tänzerinnen bewegten sich im Rhythmus der Musik. Die Hochzeitsgäste hatten Muße, Geschichten von holden Jungfrauen anzuhören.

Die Höhlenbewohnerin

Es war einmal — niemand weiß genau wann — ein mächtiger Radscha, der seine Gemahlin und seine zwei Töchterchen verstieß.

Mit ihren Kindern und einigen Getreuen verließ die Devi die Residenz. Der Zug wurde von Räubern überfallen; die Übeltäter beraubten die Devi und töteten ihre Begleiter.

Die Devi und ihre Töchterchen kamen mit dem Leben davon. Sie fanden ein schützendes Obdach — eine Höhle. Die Devi fertigte Matten an, die dienten ihnen als Lager; sie sammelte eßbare Pflanzen und Früchte ein, die dienten ihnen als dürftige Nahrung.

Ein Jahr ums andere verging. Die Radschini wuchsen zu lieblichen Jungfrauen heran; die ältere war stolz und jähzornig wie der Vater, die jüngere war liebevoll und sanftmütig wie die Mutter.

Eines Tages fand die Devi im Walde eine verwundete Elefantenmutter und ein Elefantenkind. Sie behandelte ihre Wunden mit Heilkräutern und ernährten das Elefantenkind mit Kokosmilch so lange, bis die Tiere zur Herde zurückkehrten.

Am Morgen, als sie Quellwasser schöpfte, vernahm die Devi eine leise Stimme:

«Hab keine Angst, ich tue dir nichts zuleide. Ich bin die Herrin des Waldes und will dir danken, daß du für die Elefantenmutter und das Elefantenkind gesorgt hast. Ich werde mich erkenntlich zeigen; solltest du in Nöten sein, so bitte den erstbesten Elefanten um Hilfe.»

Seither ging es der Devi und den Radschini gut. Sie litten keine Not, denn sie fanden reichliche Nahrung — Nüsse und Obst, wildwachsenden Reis und Fische.

Eines Tages zog ein schweres Gewitter herauf. Schwarze Wolken türmten sich am Himmel, es goß in Strömen, der Sturm schüttelte die Bäume. Da kam ein Treiber des Radschas, der sich im Walde verirrt hatte, zur Höhle. Als er die Devi und ihre Töchter erblickte, erschrak er, denn er hielt sie für Dämonen. Er versteckte sich, hielt den Atem an und lauschte; dem Gespräch der Frauen entnahm er, daß sein Leben nicht gefährdet war.

Der Treiber blieb unbemerkt. Als das Gewitter vorüber war, kehrte er eiligst in die Residenz zurück. Er ließ sich vor den Radscha führen, machte eine tiefe Verbeugung und berichtete:

„Mahipati, ich habe heute in der Nähe einer Höhle zwei bildschöne Jungfrauen gesehen; sie haben leuchtende Augen, pechschwarzes Haar und einen leichten Gang. Ich wage zu behaupten, daß sie es mit jeder Prinzessin aufnehmen können.»

Der jüngere Bruder des Radschas hörte den Bericht des Treibers und sagte:

«Morgen sollst du uns zur Höhle führen. Verhalten sich die Dinge so, wie du es geschildert hast, werden wir dich reich belohnen.»

In aller Frühe bestiegen der Radscha, sein Bruder und einige Männer ihre Elefanten und machten sich auf den Weg; der Treiber führte sie zu der Höhle, die er am Vortag entdeckt hatte.

Die Devi hatte die Höhle verlassen, um im Walde Kräuter zu sammeln. Der Radscha, sein Bruder und der Treiber überraschten die Radschini.

Ein arger Schreck fuhr den Jungfrauen in alle Glieder, sie brachten keinen Laut über die Lippen. Als die ältere Radschini nach einer Weile aufschaute und den Radscha in den kostbaren Gewändern mit der Ekavali, der Perlenschnur und dem anderen Schmuck sah, da leuchteten ihre Augen auf. Sie senkte den Kopf und flüsterte:

«Wenn Ihr es wünscht, so will ich mit Euch gehen, Mahipati.»

Die jüngere Radschini faßte sich, lief aus der Höhle und rief:

«Mutter, liebe Mutter, komm uns zu Hilfe!»

Der Bruder des Radschas sprang auf sie zu, hielt ihr den Mund zu und sagte:

«Sei still, hab keine Angst! Du wirst es bei mir gut haben, besser als je zuvor!»

Mit Hilfe des Treibers hob er die Radschini, die ohnmächtig wurde, auf seinen Elefanten.

Das Herz stand der Devi still, als sie die Höhle leer fand; sie rief und suchte ihre Töchter, doch vergebens. Schließlich folgte sie den Spuren, die die Entführer zurückgelassen hatten. Sie ging und sah alles wie im Nebel. Plötzlich stand ein großer Elefant vor ihr.

«Hilf mir, gutes Tier! Weißt du, wo meine Töchter sind?»

«Ich weiß es. Folge den Spuren, dann kommst du zu einer Quelle, dort findest du deine ältere Tochter. Deine jüngere Tochter ist nicht weit von ihr; hast du sie gefunden, so denke an mich.»

Die verzweifelte Devi dankte dem Elefanten und setzte ihren Weg fort. Erst lief sie, dann ging sie, zuletzt schleppte sie sich mühsam zur Quelle. Dort traf sie ihre ältere Tochter und den Radscha an.

«Wasser! Einen Schluck Wasser!» bat die Devi mit versagender Stimme.

«Scher dich weg! Bettlerinnen dürfen sich hier nicht laben», rief der Radscha.

Die ältere Radschini verleugnete die Mutter, sie nahm sich der Armen nicht an.

Die Devi brach in Tränen aus; mit Aufgebot aller Kräfte schleppte sie sich mühsam zu einer nahen Quelle, an der ihre jüngere Tochter saß.

Die Radschini wurde der Mutter ansichtig, lief ihr entgegen, umarmte sie und sagte zärtlich: «Mutter, liebe Mutter!» Dann wusch sie der Devi das Gesicht und reichte ihr einen labenden Trunk.

Der Bruder des Radschas versetzte der Königin einen Stoß und rief: «Scher dich weg!» Er schickte sich an, die Radschini auf seinen Elefanten zu setzen, da trompeteten Elefanten im nahen Dickicht, und schon stürzte das Leittier auf den Entführer und seine Begleiter zu.

«Hilf mir, gutes Tier!» rief die Devi.

Die Elefanten beschützten die Devi und ihre jüngere Tochter und jagten die Begleiter des Radschas davon.

Als die Gefahr vorüber war, brachte das Leittier aus dem Dickicht ein mit Gold und Geschmeide angefülltes Körbchen hervor, überreichte es der Devi und wies dann den beiden Frauen den Weg in das benachbarte Königreich.

Die Devi und die Radschini waren etwas unsicher, als sie durch das fremde Land zogen. Bei Sonnenuntergang kamen sie in eine Stadt; sie erreichten diese zur guten Stunde, denn plötzlich überkam sie ein Gefühl der Geborgenheit.

Sie gelangten zu einem wunderschönen Garten, in dem der Sommerpalast des Maharadschas stand. Dort begegneten sie der Frau des Leibdieners des Maharadschas. Die brave Frau fand an der Radschini Gefallen; sie nahm die beiden Fremden bei sich auf, bereitete ihnen ein Bad, reichte ihnen Speise und Trank.

Am Abend berichtete der Leibdiener, während er seinem Herrn das Bad bereitete:

«Mahipati, gestern hat meine Frau zwei Fremde in unserem Hause aufgenommen; die Armen waren hungrig und entkräftet. Sie kamen aus dem Wald; ihre Kleider waren zerfetzt. Doch als sie nach dem Bade die Haare gekämmt und reine Kleider angelegt hatten, da waren sie wie verwandelt. Sie sahen nicht wie arme Frauen, sondern wie edle, in Not geratene Damen aus. Die ältere von ihnen bat meine Frau, ihr und der

Tochter neue Kleider zu besorgen. Als meine Frau das nötige Geld in Empfang nahm, da sah sie, daß die Fremden Gold, Perlenschmuck und Juwelen besitzen. Was sollen wir tun, Mahipati?»

«Bringe die Frauen an den Hof, ich will sie empfangen.»

Der Maharadscha war wohlgebaut und jung, aber auch welterfahren. Als die beiden Frauen an den Hof kamen und ihm die gebührende Ehrenbezeigung leisteten begegnete er ihnen mit Ehrerbietung. Er sprach:

«Ich heiße euch herzlich willkommen.»

Nachdem der Maharadscha die Lebensgeschichte der beiden Frauen gehört hatte, überließ er ihnen die schönsten Gemächer seines Palastes und ließ sie von den besten Ärzten behandeln. Dann gab er ihnen zu Ehren ein Fest.

Bald darauf vermählte sich der Herrscher mit der Radschini. Die Devi lebte mit dem jungen glücklichen Paar zusammen. Auch ihr Glück wäre ungetrübt gewesen, hätte sie nicht erfahren, daß die ältere, von ihrem Entführer verstoßene Tochter verschollen war.

Die schöne und kluge Radschini

In einem fernen Land lebte einmal ein mächtiger Radscha. Er hatte eine einzige Tochter, die die sieben schönsten Jungfrauen in den Schatten stellte. Lange Jahre nahm die Radschini bei den besten Lehrern des Landes, die der Radscha an seinen Hof berufen hatte, Unterricht, und oft übertraf sie die weisesten Männer an Geist.

Als die Radschini das heiratsfähige Alter erreicht hatte, ließ der Radscha verkünden, er wolle sie vermählen. Der Freier sollte soviel Gold und Kostbarkeiten darbringen, wie die fünf kräftigsten Elefanten des Radschas tragen konnten.

Viele stattliche Jünglinge freiten um die Radschini, doch keiner von ihnen brachte soviel Gold, Silber und Kostbarkeiten dar, wie die

Elefanten des Radschas tragen konnten. Die Freier waren enttäuscht und hatten ein beschämendes Gefühl der Niederlage; deshalb verließen sie eilends den Hof des Radschas.

Ein mächtiger Maharadscha hatte sieben Söhne. Der älteste hörte von der Prinzessin und nahm sich vor: Ist die Radschini so schön und so klug, wie behauptet wird, so will ich mich mit ihr und keiner anderen vermählen. Er sann, wie er das anstellen könnte. Schließlich verkleidete er sich als Kaufmann und begab sich in die Stadt, denn er wollte sehen und hören, wie sich die Sache verhielt. Vor dem Palast des Radschas bot er Diademe, Halsketten und Armbänder feil. Die Gespielinnen der Radschini wurden auf ihn aufmerksam; sie ließen ihn kommen, denn sie wollten seine Ware ansehen. Das Glück war dem Kumara hold: Er konnte einen flüchtigen Blick auf die Radschini werfen und ihre silberhelle Stimme hören. Da wußte er, daß er nie eine andere Frau lieben würde. Er verkaufte seine Ware zu billigen Preisen und kehrte heim. Demütig bat er den Maharadscha:

«Lieber Vater, gib mir soviel Gold, Silber und Kostbarkeiten, wie fünf kräftige Elefanten tragen können. Erfüllst du meine Bitte nicht, so verlierst du einen Sohn, denn ich werde mich zu Tode grämen.»

«Weshalb denn?» fragte der Maharadscha.

Der Kumara gestand, er habe sein Herz verloren, die Radschini des benachbarten Königreiches, die schöner sei als der silberne Mond am nächtlichen Himmel und fröhlicher als ein Vögelchen zu morgendlicher Stunde, habe es ihm angetan.

Der Maharadscha stellte Überlegungen an; was sollte er tun? Als er sah, daß sein Erstgeborener dahinwelkte, ließ er seine fünf kräftigsten Elefanten mit Kostbarkeiten aus seiner Schatzkammer beladen. Der älteste. Kumara leistete dem Vater die gebührenden Ehrenbezeigungen und nahm von seiner Mutter Abschied, und dann machte er sich mit seinem Gefolge auf den Weg.

Sie kamen in der benachbarten Residenz glücklich an. Das Herz des Kumara schwelgte in Seligkeit, doch nicht lange. Die Körbe und die Truhen voll Kostbarkeiten, die er darbrachte, waren für die Elefanten des

Radschas eine leichte Last. Der Jüngling war schon nahe daran zu verzweifeln, da kam er auf den Gedanken, seine Elefanten zu verkaufen. Die Silbermünzen, die er einnahm, gaben den Ausschlag. Die Last war so schwer, daß die Elefanten des Radschas sie nicht tragen konnten; da tat sich das Tor des Palastes auf. Der Radscha nahm den Kumara mit offenen Armen auf, und die Radschini fand an ihm Gefallen. Die übrigen Freier zogen mit langer Nase ab.

«Die Radschini wird noch mein, ob sie will oder nicht!» brummte einer der abgewiesenen Freier. Tag und Nacht zerbrach er sich den Kopf, wie er die Radschini entführen könnte.

Niemand scherte sich um die verschmähten Freier; alle freuten sich, daß sich die schöne Radschini mit einem Kumara vermählte, der ihrer würdig war.

Mehrere Monate lebte das junge Paar in Glück und Eintracht zusammen. Eines Tages meinte der Kumara, es sei an der Zeit, die Gemahlin den Eltern vorzustellen. Er begab sich zum Radscha, um seine Zustimmung einzuholen. Schweren Herzens ließ dieser seine Tochter, seinen Eidam und ihr Gefolge ziehen.

Alle waren in guter Laune, als sie die Reise antraten. Sie hatten ein Stück Weges zurückgelegt, da ging plötzlich ein schweres Gewitter nieder. Der Sturmwind riß Bäume aus, die Sturmflut setzte die Wege unter Wasser. Der Kumara und die Radschini kamen mit dem Leben davon, aber ihre Begleiter verliefen sich.

Endlich war das Gewitter vorüber. Die jungen Eheleute waren von einem undurchdringlichen Dickicht umgeben. Sie irrten umher, sie riefen nach ihren Gefährten; es wurde ihnen angst und bange. Nach einiger Zeit lichtete sich das Dickicht, die Sonne brach durch das Blattwerk hindurch, sie fanden aus dem Dickicht heraus. Mühsam schleppten sie sich, bis sie in eine Stadt kamen; dort erfrischten und stärkten sie sich.

Bei dem Unwetter hatten sie ihre zahlreichen, mit Gold und Kostbarkeiten angefüllte Truhen eingebüßt. Ein Diadem, ein Halsband und mehrere Armbänder, die die Radschini trug, sowie einige Silbermünzen, die der Kumara bei sich hatte, waren ihr einziger Besitz.

«Gräme dich nicht, bange nicht, Liebster! Wir werden keine Not leiden, denn ich werde für unseren Lebensunterhalt sorgen. Wir wollen Geld sparen, dann können wir uns einer Karawane anschließen und heimwärts ziehen. Mag sein, daß mein Vater von unserem Mißgeschick schon Kunde hat und uns suchen läßt. Ich bin der festen Zuversicht, daß wir nicht lange hier verweilen müssen», tröstete die Radschini ihren niedergeschlagenen Gemahl. «Besorge farbiges Garn, das übrige laß meine Sorge sein!»

Die Radschini webte ein hauchfeines mit Blumen übersätes Tüchlein, dann beauftragte sie ihren Gemahl, es einem Kaufmann, der mit feinen Geweben und Tüchern handelte, anzubieten. Das wunderschöne Tüchlein brachte dem Kumara eine ansehnliche Summe Geldes ein, das er für den Kauf von farbigem Garn verwendete. Bei Tag und bei Nacht webte die Radschini Tücher, von denen eines schöner war als das andere. Sie bot alle ihre schöpferischen Kräfte auf, sie gab ihrer Liebe und ihrem Heimweh künstlerischen Ausdruck. Nach kurzer Zeit brachte sie soviel Geld zusammen, daß sie sich wie Handwerker kleiden und ein Häuschen mieten konnten.

«Siehst du, Liebster, bald können wir die Heimreise antreten», tröstete die Radschini ihren Gemahl, der sich in der Fremde nicht zurechtfand.

Eines Tages kam ein von der Radschini verschmähter Freier daher. Er erblickte einige von der Radschini gewebte Tüchlein, bestaunte sie, da weder die edlen Jungfrauen im königlichen Palast noch die einfachen Mädchen vom Lande solchen Putz trugen, und fragte den Kaufmann, woher er die Tüchlein habe.

«Einmal in der Woche bringt mir ein junger Zwischenhändler die Ware; allem Anschein nach ist er ein Fremder», gab der Kaufmann Auskunft.

«Wann erwartet Ihr ihn?» erkundigte sich der Fürst.

«Er soll übermorgen kommen», antwortete der Händler.

Der Fürst harrte des Zwischenhändlers. Der Anblick des Kumara erweckte seine Eifersucht; er ließ sich jedoch nichts anmerken und redete ihn an:

«Eure Tüchlein sind wunderschön; so schöne Gewebe sieht man selten. Wo nehmt Ihr sie her?»

Der arglose Kumara verriet ihm, seine Frau fertige die Tüchlein an. Der Fürst frohlockte darüber, daß die schöne Radschini in einem fremden Land von ihrer Hände Arbeit leben mußte.

«Binnen eines Monats soll mir Eure Frau fünfzehn Tüchlein weben. Ich mache eine Anzahlung; werden die Tüchlein so schön sein wie diese hier, so will ich einen hohen Preis zahlen», sagte der Fürst.

Nachdem der Fürst den Kaufmann für seinen Vermittlungsdienst belohnt hatte, ging er heim und ließ seinen Palast für die Dame seines Herzens herrichten. Inzwischen webte die Radschini, sie nahm sich nicht einmal Zeit, von der Arbeit aufzublicken; und der Kumara traf alle Vorbereitungen zur Heimreise.

Die vereinbarte Frist war schnell verstrichen. Der Fürst erschien im Hause des Kumara, äußerte sich lobend über die Arbeit der Radschini und zahlte für die Tüchlein einen hohen Preis. Zu guter Letzt suchte er um Unterkunft an; das Ehepaar erfüllte seine Bitte.

Die Radschini bereitete das Abendessen, sie buk Kuchen, in die sie siebenerlei Gewürze tat. In einem unbewachten Augenblick tat der Fürst in das bereitstehende Getränk ein wirksames Schlafmittel. Der Kumara und die Radschini tranken davon; die Augen fielen ihnen zu, sie schliefen den Schlaf der Gerechten.

Der Fürst rief nach seinen Dienern, die eilten herbei und trugen die Radschini in den fürstlichen Palast.

Der Entführer wußte sich vor Freude nicht zu fassen; endlich war die schöne Radschini sein, und obendrein waren ihm die Kostbarkeiten, die ihr Vater verschmäht hatte, geblieben. Doch die Freude währte nicht lange.

Auf Befehl des Radschadhiradschas mußte der Fürst ins Feld ziehen. Er ging herum und seufzte, mußte jedoch dem Befehl gehorchen. Bevor er sich mit seinen Kriegern zum Abmarsch rüstete, sagte er zu seinen Dienern:

«Von heute an ist die schöne und kluge Radschini eure Herrin; hütet sie wie euren Augapfel! Sie darf den Palast und den Garten nicht verlassen!»

Um die Mittagszeit erwachte der Kumara aus tiefem Schlaf. Schrecken ergriff ihn, als er feststellte, daß seine Gemahlin nicht da war, daß sie spurlos verschwunden war. Erst wartete er auf sie, dann ging er ruhelos hin und her, schließlich suchte er sie in der ganzen Stadt.

Die verhärmte Radschini stand am Fenster des fürstlichen Palastes, da erblickte sie ihren umherirrenden Gemahl. Sie schrieb einen Brief, zeigte ihrer Dienerin, wem sie ihn überbringen sollte, und sagte:

«Mein Herr sucht mich. Lauf, überbringe ihm mein Schreiben. Sei vorsichtig! Fangen die Wächter den Brief ab, so ist es um uns geschehen.»

Die Dienerin tat, als ob sie etwas in der Stadt besorgen wollte. Sie ging dem Kumara nach und steckte ihm den Brief zu.

«Meine Herrin läßt Euch grüßen und schickt Euch einen Brief. Wenn Ihr unbeobachtet seid, sollt Ihr ihn lesen.»

Ehe der überraschte Kumara die Dienerin ausfragen konnte, hatte sich diese unter die Menge gemischt. Der Kumara wollte tun, was sie ihm gesagt hatte; er hatte es eilig, die Stadt zu verlassen und an einen einsamen Ort zu gelangen. Er entzifferte die flüchtig hingeworfenen Worte seiner Gemahlin und murmelte:

«Liebster, verstecke dich heute, wenn es stockdunkle Nacht ist, im dichtesten Gestrüpp, das im Garten des Fürsten wächst. Ich will mich aus dem Palast schleichen und mit dir fliehen.»

Ein Mann, der Ruten geschnitten hatte, lag unter einem nahen Strauch und belauschte den Kumara. Er folgte diesem wie ein Schatten an den von der Radschini angegebenen Ort.

Vor Müdigkeit fielen dem Kumara die Augen zu, der Mann aber wachte.

Zu mitternächtlicher Stunde erschien eine Frau; der Mann packte sie fest am Arm und führte sie aus dem Garten. Sie schlugen einen schmalen Pfad ein und liefen eine Weile wortlos nebeneinander her. Endlich machten sie auf einer mondbeglänzten Lichtung halt — da erst merkte die Prinzessin die Verwechslung und erschauderte.

«Bleib schön ruhig, meine Schöne. Wie du siehst, bist du mir ausgeliefert. Du gefällst mir, ich will dich heiraten. Füge dich meinen Wünschen; weigerst du dich, so werde ich handgreiflich», sagte der Holzhauer. Als sich die Radschini vorsichtig umsah, machte er eine drohende Bewegung.

«Es sei», sagte die Radschini. «Doch ich knüpfe die Heirat an eine Bedingung: Du mußt tun, was bei uns Sitte ist.»

«Sprich! Was ist bei euch Sitte?» brummte der Mann.

«Der Bräutigam und die Braut werden mit Seidengarn an einander gegenüberstehende Pfähle gebunden. Die jungen Leute sehen sich in die Augen und geloben feierlich, daß sie in Eintracht und Harmonie zusammen leben wollen. Dann erst reichen sie einander die Hände fürs Leben. Hier im Dickicht gibt es weder Seidengarn noch Menschen, die uns an Pfähle binden könnten. Statt des Seidengarns wollen wir Palmentriebe nehmen; erst sollst du mich, dann will ich dich an einen Baum binden.»

Der Mann war einverstanden. Als er die Radschini an eine Palme band, sah ihm diese in die Augen und sagte mit klarer Stimme:

«Im Dickicht, an einen Baum gebunden, verspreche ich dir: Führst du mich in die Stadt, so heirate ich dich.»

Dann band die Radschini den Mann an einen Baum; sie band ihn fest an, denn er sollte nur mit Mühe freikommen. Dann sprach sie:

«Lieber will ich sterben als mit dir in die Stadt ziehen. Ich gehe meinen Gemahl suchen.»

Sie machte sich auf den Weg. Nach einer Weile begegnete sie zwei Jägern, die hielten sie an und sagten ihr, sie solle mitkommen.

Als sich die Radschini gefaßt hatte, antwortete sie:

«Ich gehe mit einem, mit dem besseren Schützen von euch beiden. Schießet je zwei Pfeile ab; schießet sie schnell ab, denn ich will ihre Flugweite vergleichen.»

Beide Männer waren gute Schützen, ihre Pfeile flogen weit hinaus. Sie gingen ihre Pfeile suchen, um zu ermitteln, wer im Wettkampf Sieger sei; inzwischen machte sich die Radschini davon.

Um die Mittagszeit traf die Radschini einen Kaufmann, der in die nahegelegene Stadt wollte.

«Bleib stehen, meine Schöne! Du bist die schönste Frau, die ich je gesehen habe! Komm mit mir, du sollst es nicht bereuen; du sollst dich mit dem schönsten Geschmeide, das ich in der Stadt auftreiben kann, schmücken. Wir wollen zusammen Handel treiben; du wirst die Käufer anziehen, ich werde in kurzer Zeit ein reicher Mann sein.»

Zu zweit setzten sie den Weg fort. Die mittägliche Hitze machte den Kaufmann müde; er legte sich unter einen Baum und schlummerte ein. Die Radschini nützte die Gelegenheit; sie schlüpfte in Männerkleider, die der Kaufmann mit sich führte, dann schritt sie tapfer aus. In den Abendstunden kam sie in eine Stadt; sie ging schnurstracks zum königlichen Palast und bat, man solle sie zum König führen.

«Ich übe den Lehrberuf aus. In dem fernen Lande, aus dem ich komme, habe ich die Königskinder unterrichtet. Ich biete dir, Mahipati, meine Dienste an», sagte die Radschini.

Dem König gefiel der junge Lehrer. Er ließ den Königssohn und dessen Gefährten rufen und wohnte der ersten Unterrichtsstunde bei. Als er feststellte, daß der Lehrmeister auch dichtete, schenkte er ihm ein neues Gewand, lud ihn zur königlichen Tafel und nahm ihn in seine Dienste.

«Bringe dem Prinzen und seinem Gefährten das Dichten bei. Werden sie so schöne Verse machen wie du, so werden sie die Zierde ihres Standes sein. Jeder Herrscher wird mit solchen Männern große Ehre einlegen», sprach der König.

Eine Zeitlang ging alles gut. Eines Tages fanden die Zöglinge der Radschini heraus, daß sie eine als Mann verkleidete, bildschöne Frau war. Die Radschini belauschte die Jünglinge; wollte sie nicht entlarvt werden, mußte sie sich eiligst davonmachen. Sie schlüpfte in das Gewand des Prinzen, dingte einen Treiber samt Elefanten und verließ das Land.

Sie kam in ein blühendes Land. Dort herrschte ein König, der eine liebliche, heiratsfähige und vielumworbene Tochter hatte. Vor Jahren hatte der König seiner Tochter das Versprechen gegeben, er werde sie nur mit einem ihr genehmen Mann vermählen. Nun suchte er in den benachbarten Königreichen einen geeigneten Bräutigam, doch vergebens. Bisher hatte kein Freier vor der Königstochter Gnade gefunden; an jedem Freier hatte sie etwas auszusetzen: der eine war kurzfüßig, der andere langbeinig, der eine war dürr, der andere dick, der eine war blutjung, der andere bejahrt.

Die Königstochter stand am Fenster und beobachtete das rege Treiben, das vor dem königlichen Palast herrschte. Plötzlich erblickte sie einen Jüngling, einen Kumara, der eine schöne, biegsame Gestalt, ein hübsches Gesicht und traurige Augen hatte. Von einem solchen Prinzen hatte sie geträumt; sie lief zu ihrem Vater und rief schon von weitem:

«Vater, lieber Vater, ich habe einen Kumara gesehen, den ich auf der Stelle heiraten würde!»

Der König befahl seinen Höflingen, sie sollten den Kumara willkommen heißen und in den Palast geleiten. Nachdem sich der Gast ausgeruht hatte, ließ der König seine Tochter rufen und sprach:

«Daß ich mein Versprechen halten wollte, hat mir viel Kummer bereitet. Willst du dich mit diesem Kumara vermählen? Sprich!»

«Das will ich gerne tun, lieber Vater!»

Der Kumara wurde weiß wie eine Wand; er bewegte die Lippen, als wollte er etwas sagen. Der König bemerkte es und sprach:

«Vermählst du dich mit meiner Tochter, so sollst du mir und den Einwohnern meines Landes willkommen sein, so will ich dich wie einen leiblichen Sohn lieben. Du sollst es nicht bereuen, daß du mein Eidam geworden bist. Verschmähst du meine Tochter, so lege ich das als Majestätsbeleidigung aus und verurteile dich zum Tode. Wenn dir das Leben lieb ist, eheliche meine Tochter!»

Die Radschini wagte es nicht, ihr Geheimnis zu lüften, sie schwieg. Erst zu später Stunde konnte sie sich mit der Königstochter offen aussprechen. Sie bat:

«Steh mir bei, meine Liebe! Bewahre mein Geheimnis!»

Die Königstochter war bereit, der Radschini zu helfen. Sie machten Hochzeit; am darauffolgenden Tage trat der König seinem Eidam das halbe Königreich ab.

Der junge Herrscher ließ im Prunksaal eine Wachsfigur, die seine Züge hatte und in Frauengewänder gehüllt war, aufstellen. Er selbst band ihr sein Seidentuch um. Jeder, der den Prunksaal betrat, mußte der Wachsfigur gewahr werden.

Dann ließ der junge Herrscher austrommeln, eine Woche lang stehe sein Palast jedermann offen. Alte und Junge strömten herbei. Im Palast hatte man für alle ein fürstliches Mahl bereitet. Kein Wunder, daß man bald im ganzen Land vom freigebigen jungen Herrscher und von der zur Schau gestellten Wachsfigur sprach.

Im Prunksaal stellte der junge Herrscher Wachen auf, die sollten jeden, der die Wachsfigur berührte, vorführen. Die Wachen brachten nacheinander die beiden Jäger und den Kaufmann, den aus dem Krieg zurückkehrenden Fürsten, den Holzhauer und zuletzt die ehemaligen Zöglinge der Radschini vor ihren Herrn. Dieser machte eine finstere Miene, senkte das Haupt und hüllte sich in Schweigen.

Ein in Lumpen gekleideter Mann, der in der ganzen Stadt nach einer der Wachsfigur ähnelnden Radschini forschte, weckte den Argwohn der Wachen; sie brachten ihn in den Palast. Der junge Herrscher sah den armen Mann an, sprang auf und lief auf ihn zu.

«Wie habe ich mich um dich, Liebster, gesorgt!» rief er.

«Ein unsagbares Glück! Ich habe dich gefunden!» sagte der arme Schlucker mit bewegter Stimme.

Dann saß der junge Herrscher zu Gerichte. Er wandte sich an den Fürsten und sprach:

«Ihr verdient eine harte Strafe, denn Ihr habt diesem armen Mann und seiner Frau ein schweres Leid angetan. Im Kampf gegen den Feind habt Ihr Tapferkeit an den Tag gelegt, deshalb schone ich Euch. Ziehet in Frieden. Kommt Ihr mir ein zweites Mal unter die Augen, so überantworte ich Euch dem Henker!»

Den Mann ließ der junge Herrscher in den Bock spannen und am nächsten Tag aus dem Lande jagen. Die Jäger ermahnte er, sie sollten Reisende nie wieder belästigen, dann entließ er sie. Den Kaufmann, dessen Gewand er sich geliehen hatte, entschädigte er.

Alles löste sich in Wohlgefallen auf. Der junge Herrscher entledigte sich der Männerkleider und entpuppte sich als bildschöne Radschini. Die Menschen konnten sich nicht genug darüber wundern, sie konnten nicht genug davon erzählen.

Die Radschini vermählte ihre ehemaligen Zöglinge: den Prinzen mit der liebenswerten Königstochter und den Gefährten des Prinzen mit einer Gefährtin der Königstochter, denn die Freunde wollten nicht voneinandergehen. Fortan lebten die Radschini und ihr Germahl glücklich zusammen. Die Radschini war eine Herrscherin, die die Bewohner der Insel ob ihrer Klugheit rühmten.

Das Mädchen mit den bleichen Wangen

Es war einmal ein reicher Bauer, der hatte eine einzige Tochter. Seit dem Tode der Mutter bestellte das Mädchen das Haus; es bereitete das Essen und wusch die Wäsche, es webte und nähte. Vater und Tochter waren arbeitsam, deshalb hatten sie ihr gutes Auskommen.

Das Mädchen hatte eine große Einbildungskraft; häufig brachte es mit seinen Erdichtungen den Vater zum Lachen.

«Der Mann, mit dem ich dich vermähle, muß dir an Geist gleichkommen», sagte der Vater zu wiederholten Malen; er fand, daß keiner der zahlreichen Freier seiner Tochter würdig war.

Eines Tages ging der Vater aufs Feld. Die Tochter blieb daheim und kochte einen Brei, den wollte sie um die Mittagszeit dem Vater bringen.

Ein irdenes Gefäß mit Brei auf dem Kopf tragend, ging sie den Bach entlang und summte ein Liedchen. Sie hatte einen leichten Gang, sie schien zu schweben.

Der junge, schlicht gekleidete Fürst rastete am Ufer und beobachtete sie; er fand an ihr Gefallen. Seine Augen hingen an dem lieblichen Mädchenantlitz; die bleichen, vom Laub beschatteten Wangen erinnerten ihn an bleiches Mondlicht in stockfinsterer Nacht. Es war ihm, als sei er dem Mädchen begegnet, von dem er schon lange geträumt hatte. Nach kurzem Zögern redete der Fürst das Mädchen an:

«Ich habe mich verirrt; wahrscheinlich befinde ich mich weit von der Stadt. Bitte, gib mir von deinem Brei, ich bin hungrig.»

«Am frühen Morgen hat mein Vater das Haus verlassen, er pflügt das Feld. Ich habe für ihn einen Brei gekocht, den trage ich ihm aufs Feld; du kannst davon essen. Warte auf mich vor unserem Haus; wenn ich vom Feld komme, will ich dir ein frisches Gericht zubereiten.»

Das Mädchen tat ein wenig Brei auf zwei große Blätter und reichte diese dem Fremden.

«Schau, am Rande des Dorfes, zur rechten Hand, steht unser Haus. Dort warte auf mich.»

«Kommst du bald heim?»

Das Mädchen schaute zum grauen Himmel auf und erwiderte:

«Kommt sie, so kehre ich nicht heim; kommt sie nicht, so kehre ich heim.»

Der verwirrte Fürst schaute das Mädchen an.

«Soll ich das so verstehen: Schwillt der Fluß, so kehrst du nicht heim; bleibt die Sturmflut aus, so kehrst du bald heim?»

Das Mädchen nickte. Es rückte das Gefäß auf dem Kopf zurecht und wollte gehen.

«Sag mir noch: Welchen Weg pflegst du zu nehmen?»

Das Mädchen antwortete nicht, es löste sein langes, schwarzes Haar und ließ es im Wind fliegen. Dann eilte es aufs Feld.

Der Fürst schaute sich um und erblickte eine hohe Palme, von der lange, dunkle Flechten hingen.

«Du gehst an der Palme vorbei?» rief er dem Mädchen nach und schlug diese Richtung ein.

Auf dem Felde angelangt, reichte das Mädchen dem Vater das Gefäß mit dem Brei und holte frisches Trinkwasser, dann machte es sich auf den Heimweg.

Das Mädchen kehrte heim; da schien es dem jungen Fürsten, der seiner harrte, als erstrahle alles in mildem Licht.

Nach der Rückkehr des Vaters aßen sie zu Abend, dann saßen sie vor dem Hause, unterhielten sich und spaßten. Der Fürst fühlte sich wohl; er konnte sich nicht entschließen, von seinen Gastgebern Abschied zu nehmen. Schließlich fragte er den Vater, ob er ihm die Tochter zur Frau geben würde.

«Ich würde in die Heirat einwilligen; Voraussetzung ist, daß meine Tochter in deiner Familie eine herzliche Aufnahme findet.»

«Gut, wir wollen uns davon überzeugen!» rief der Fürst mit jugendlichem Ungestüm.

Am nächsten Tag gingen sie zu dritt in die Stadt; sie gingen an Feldern, auf denen der Reis reifte, vorbei. Der Vater wies auf sie hin und sagte:

«Das sind unsere Felder; unser Reis reift.»

«Der Reis steht gut, in der Tat. Ihr werdet reiche Ernte halten, vorausgesetzt, daß der ganze Reis noch steht, daß er nicht zur Hälfte verzehrt ist.»

Der Vater schaute den Fürsten finster an; erst nach einer Weile begriff er, was sein Begleiter gemeint hatte, und brummte;

«Ich mache keine Schulden und verpfände meine Ernte nicht! Ich leere keine Vorratskammern.»

Das Gesicht des Fürsten hellte sich auf.

«Entschuldige, daß ich dich geprüft habe. Deine Tochter ist dir nachgeraten, sie ist klug und besonnen wie du. Meine Mutter wird sie freundlich aufnehmen, davon bin ich überzeugt.»

In den späten Abendstunden kamen sie erschöpft in die fürstliche Residenz.

«Wir sind am Ziel!» rief der Fürst.

Er wollte seine Begleiter in den Palast führen, doch der Vater lehnte die Einladung ab.

«Wir wollen uns unter das Vordach setzen. Den Palast betreten wir nur dann, wenn wir auch deiner Mutter willkommen sind.»

Der Fürst lief zu seiner Mutter; er machte vor ihr eine tiefe Verbeugung und bat, sie möge ihn anhören.

«Ich bin einem Mädchen begegnet, dem keine Fürstin gleichkommt: Es ist nicht nur schön, sondern auch klug und geschickt. Sein Vater ist ein kluger Kopf, der sich mit jedem unserer Ratgeber messen kann. Er will nur dann in unsere Heirat einwilligen, wenn du das Mädchen willkommen heißt. Vater und Tochter sind mit mir gekommen, sie warten im Hofe.»

Die Fürstin schaute ihren Sohn an und seufzte, dann verließ sie den Palast. Der Hof lag im Dunkeln, er war menschenleer. In einem Winkel stand ein niedriger Anbau, dessen Tür nur angelehnt war; von dort ging ein matter Schein aus. Die Fürstin ging auf das Licht zu. Dem bleichen Mond am Sternenhimmel gleich, hob sich ein bleiches Mädchenantlitz vom dunklen Hintergrund ab. Das war ein gutes Zeichen; ein solcher Schein pflegt das Haupt eines klugen und liebevollen Menschen zu umgeben.

Nun wußte die Fürstin: Mein Sohn wird glücklich sein! Sie rief: «Seid willkommen!» und führte Vater und Tochter in den Palast.

Fortan lebten sie glücklich zusammen. Sie waren kluge und frohsinnige Menschen.

Die traurige Radschini und der hölzerne Pfau

Es waren einmal zwei gute Nachbarn — ein Zimmermann und ein Holzschnitzer; jeder von beiden war ein Meister seines Faches. Der Zimmermann fertigte Dachbalken und Dachstühle, Pfeiler und Säulen an. Der Holzschnitzer schuf Gebrauchs- und Ziergegenstände; er war vielbeschäftigt, denn seine Ware war aus edlem Holz und gefiel den Reichen und den Kaufleuten, die sie in ferne Länder ausführten. Der Holzschnitzer verdiente mehr als der Zimmermann, obwohl auch dieser sein gutes Auskommen hatte.

Die gleichaltrigen Söhne der beiden wuchsen wie Zwillingsbrüder auf; sie waren Freunde und Spielkameraden.

Eines Tages saßen die beiden Nachbarn im Schatten eines Baumes; sie kamen überein die Söhne zur Schule zu schicken.

Beide Knaben waren fleißige und gute Schüler. Dem Lehrer schien es jedoch, daß der Sohn des Zimmermanns der klügere von beiden war; diese Meinung äußerte er auch in Gegenwart der Väter. Von jenem Tage an veränderte sich das Verhältnis des Holzschnitzers zum Zimmermann unmerklich. Es wurmte ihn, daß der Sohn des Zimmermanns seinen Sohn an Geist übertreffen sollte. Er sann, wie er seinem Nachbarn eine Demütigung zufügen könnte. Eines Tages hatte er eine Idee: Er spannte seinen Büffel vor ein Wägelchen und sagte zum Sohn:

«Komm, ich will dich zur Schule fahren!»

Einige Tage kutschierte der Holzschnitzer, später sein Sohn. Den Sohn des Zimmermanns nahm keiner von beiden mit.

Als die Regenzeit kam, sagte der Sohn des Zimmermanns:

«Statt zur Schule zu gehen, will ich dir, lieber Vater, bei der Arbeit helfen.»

Der Zimmermann war darüber betroffen und drängte seinen Sohn, er solle seinen Entschluß begründen. Da gestand der Knabe, der Sohn des Nachbarn verspotte ihn, wenn er bei Regenwetter in einer durchnäßten und schmutzigen Kleidung zur Schule komme.

Was sollte der Zimmermann tun? Auch er spannte einen Büffel vor ein Wägelchen, damit sein Sohn zur Schule fahren könne. Seither war das Verhältnis der Männer zueinander stark beeinträchtigt; die Freundschaft der Knaben bestand fort.

Nach ungefähr zwei Jahren sprach der Lehrer wieder mit den beiden Nachbarn und sagte, ihre Söhne seien gehorsame, fleißige und gelehrige Schüler. Den Sohn des Zimmermanns bezeichnete er als seinen besten Schüler; das Herz des Vaters schwoll vor Freude und Stolz.

Eines Tages kam der Sohn zum Zimmermann und sagte:

«Ich bin schon lange zur Schule gegangen; es ist an der Zeit, daß ich dir, lieber Vater, bei der Arbeit helfe.»

Nach einer Weile gab er den wahren Grund für seinen Entschluß an. Der Sohn des Nachbarn besaß ein neues, von einem schnellen Pferdchen gezogenes Wägelchen. Auf dem Schulweg pflegte er das Gespann seines Freundes zu überholen und diesen an regnerischen Tagen mit Dreck zu bespritzen, damit die Mitschüler ihn verspotten sollten.

Der Zimmermann dachte nach, was er für seinen Sohn tun könnte. Plötzlich schlug er sich vor die Stirn und erklärte:

«Ich will dir, lieber Sohn, ein Wunderding zimmern; die Leute werden große Augen machen.»

Der Zimmermann nahm das beste Holz und das stärkste Seil, das er hatte. Er entwarf, zimmerte einen großen hölzernen Pfau, dessen Federn er mit leuchtenden Farben, mit Gold und Silber bemalte.

Der Sohn war außer sich vor Freude, als er den Pfau in Empfang nahm. Er lernte fliegen. Der Vogel trug ihn im Nu zur Schule und ließ sich mit ihm auf einer nahegelegenen Wiese nieder. Sie hatten viele Zuschauer.

Der Sohn des Zimmermanns besuchte weiter die Schule; er hatte keine Unannehmlichkeiten mehr.

Ein Jahr ums andere verging. Plötzlich erkrankten der Zimmermann und seine Frau; binnen drei Tagen starben beide. Der Sohn war allein auf der Welt.

«Ich will in die Fremde gehen. Vielleicht kann ich es in der Hauptstadt zu etwas bringen», sagte er zu seinen Nachbarn, als er von ihnen Abschied nahm.

An einem frischen Morgen setzte er sich auf seinen Pfau, und schon segelten sie durch die Lüfte. Hoch über den Wolken flogen sie mit dem Wind um die Wette; die Erde entschwand. Plötzlich tauchte unter ihnen eine große Stadt mit zahlreichen Häusern, Palästen und Tempeln auf. Einem breiten, über seine Ufer getretenen Strome gleich, breiteten sich sattgrüne Gärten aus.

Der Pfau ließ sich im Garten des Radschas nieder. Die Radschini erblickte den Jüngling, der auf einem Riesenvogel mit schillerndem Gefieder geflogen kam, und im gleichen Augenblick entflammte sie für ihn. Sie lud ihn in den Palast ein und fragte ihn nach seiner Herkunft. Der Jüngling gab ihr Auskunft, dann sagte er seufzend:

«Wärest du keine Radschini, so würde ich um deine Hand anhalten und dich auffordern, mit mir in die Ferne zu fliegen. Ich könnte meine Frau schon ernähren, nicht umsonst bin ich viele Jahre zur Schule gegangen.»

«Warum solltest du in die weite Welt gehen? Mein Vater schätzt kluge Menschen, er wird dich gerne in Dienst nehmen. Nach einiger Zeit wird er sich wohl damit abfinden, daß ich mich mit dir und keinem anderen vermählen will.»

In der Tat, der Radscha nahm den Ankömmling in Dienst. Der Jüngling bewährte sich: Er sorgte dafür, daß die Handwerker aus dem ganzen Land ihre schönsten und teuersten Waren in der Stadt feilboten, und er achtete darauf, daß die Kaufleute dafür einen angemessenen Preis zahlten und sie in andere Länder verkauften. Bald war der Jüngling sowohl bei den Handwerkern als auch bei den Händlern beliebt, denn die Geschäfte gingen gut.

Der Radscha wunderte sich, wie schnell sich seine Schatzkammer mit Geld und Kostbarkeiten füllte, um die ihn andere Herrscher beneidet hätten. Nach kurzer Zeit gewann er den tüchtigen und pflichtbewußten Jüngling lieb; er vermählte seine Tochter mit ihm und betraute ihn mit der Verwaltung eines Siebentels seines Reiches.

Die Radschini und ihr Gemahl hielten sich entweder in der Haupstadt oder in dem von ihnen verwalteten Landgebiet auf. Vom ersten Tage an waren sie glücklich und zufrieden; nachdem die Radschini zwei Knäblein geboren hatte, waren sie wunschlos glücklich.

Es gab Tage, an denen der Sohn des Zimmermanns Heimweh hatte. Er hätte gerne die Stätte, wo er aufgewachsen war, sowie die ehemaligen Nachbarn, Freunde und Lehrer aufgesucht, er hätte den Leuten gerne gezeigt, daß er es zu etwas gebracht hatte. Eines Tages sagte er zu seiner Gemahlin:

«Ich möchte meine Heimat wiedersehen; fliegen wir hin!»

Die Radschini war damit einverstanden. Am frühen Morgen setzten sich die Radschini, ihr Gemahl und die beiden Söhnchen auf den hölzernen Pfau, der schwang sich in die Höhe und segelte mit ihnen durch die Lüfte. Die Erde entschwand. Sie flogen gegen den Wind, deshalb zog sich der Flug in die Länge. Da klagte der jüngere Knabe, die Sonne steche und er leide Durst.

«Hab Geduld, bald sind wir am Ziel, bald kannst du im Schatten ausruhen und frisches Wasser trinken», beschwichtigte ihn der Vater

Der Knabe nörgelte so lange, bis sie eine Hochebene anflogen. Der Vater ging eine Quelle suchen, die Knaben saßen im Grase. In einem unbewachten Augenblick nahm der jüngere des Vaters Messer und zerschnitt alle Stränge, die den Pfau verbanden.

Der Vater war über die Tat seines Söhnchens ganz bestürzt. Er versuchte den Pfau wieder flugfähig zu machen, doch vergebens. Es blieb ihnen nichts anderes übrig, als den Pfau zurückzulassen und zu Fluß zu gehen. Sie schleppten sich mühsam zu einem Fluß; dort erblickten sie einen Kahn mit einem Ruderer. Der Sohn des Zimmermanns rief ihm zu:

«Heda, guter Mann, hilf uns! Rudere uns an das andere Ufer!»

«Ich will es tun, doch ich kann euch nur einzeln übersetzen; mein Kahn ist zu klein», sagte der Ruderer.

Erst setzte der Ruderer die beiden Knaben über, dann forderte er die Radschini auf, in den Kahn zu steigen. Statt ans andere Ufer zu rudern, steuerte der Schiffer den Kahn flußabwärts in die Hauptstadt. Er führte die Radschini in den Palast des Radschas, denn er hoffte, der Herrscher werde sich über die Ankunft der schönen Frau freuen und ihn reich belohnen.

Die Kinder sahen der im Kahn davonfahrenden Mutter nach, dann richteten sie den Blick aufs gegenüberliegende Ufer zum Vater, der wie versteinert stand. Sie stürzten sich ins Wasser und versuchten zum Vater zu schwimmen. Die Strömung trieb sie weit ab, die Wellen schlugen über ihnen zusammen.

Der Vater sprang den Kindern nach, schwamm stromabwärts, tauchte bis auf den Grund — alles war vergebens. Er büßte zwar nicht sein Leben, aber seinen Verstand und seine Kraft ein. Er lebte von gesammelten Kräutern, Wurzeln und Früchten sowie von milden Gaben.

Die Knaben ertranken nicht. Die Strömung trieb sie zwar weitab, doch die Wellen trugen sie ans Ufer. Dort fand sie eine alte Witwe.

«Wer seid ihr, warum weint ihr?» fragte sie die Kinder.

«Wir weinen, weil wir unseren Vater und unsere Mutter verloren haben», erwiderte der ältere Knabe.

Die Witwe tröstete die Kinder, so gut sie konnte. Sie nahm die Knaben bei sich auf, gab ihnen zu essen und wiegte sie mit einem Liedchen in den Schlaf. Die Knaben litten keine Not und entwickelten sich gut; sie waren der Stolz der Witwe.

Eines Tages kam ein Marktfahrer, der irdenes Geschirr in der Stadt verkauft hatte, zum Haus der Witwe; er brachte die neuesten Nachrichten mit. Unter anderem erzählte er, ein Schiffer habe eine traurige Radschini an den Hof des Radschas gebracht. Der Radscha ehre sie wie einen lieben Gast; er habe ihr einen Palast im schönsten Winkel des Gartens zur Verfügung gestellt und lasse sie von einer zahlreichen Dienerschaft betreuen. Er behandle die Radschini jedoch wie eine Gefangene und verwehre jedermann den Zutritt zu ihr, weil er sie ehelichen wolle. Die Radschini hingegen verzögere die Hochzeit mit der Begründung, sie habe ihren Gemahl und ihre beiden Kinder verloren und wolle sich erst nach Ablauf von drei Jahren mit ihm vermählen; in ihrer Heimat sei es Sitte, daß eine verwitwete oder verlassene Frau erst nach drei Jahren eine neue Ehe eingeht.

Die Alte erriet, daß ihre Pflegekinder die Söhne der traurigen Radschini waren. Bei Tag und bei Nacht sann sie, wie sie die Radschini und die Kinder zusammenführen könnte. Sie bereitete einen Kräutertrank, den sollten die Knaben der Radschini überbringen.

Als der Befehlshaber der Wache die Kinder anhielt, sagte der ältere Knabe das Sprüchlein auf, das ihn die Alte gelehrt hatte:

«Unsere Großmutter schickt der traurigen Radschini einen Kräutertrank, der soll sie wieder froh machen.»

Der Befehlshaber wollte dem Knaben das Fläschchen mit dem Heiltrank abnehmen, doch dieser wehrte sich:

«Ich darf den Heiltrank niemandem anvertrauen: Laßt Ihr mich nicht vor, so kehre ich unverrichteter Dinge heim, und die Radschini wird nie wieder froh.»

Der Befehlshaber kratzte sich am Kopf, dann beratschlagte er sich mit den Wächtern. Um sicher zu gehen, daß der Trank kein Gift enthielt, gab er einem Kätzchen davon zu trinken. Das Tier leckte sich, miaute und sprang auf eine Mauer.

Die Knaben wurden zur Mutter vorgelassen, erkannten sie jedoch nicht. Die Radschini war betrübt und schmerzerfüllt. Ihr Gemahl und ihre Söhnchen waren verschollen; es war nahezu drei Jahre her, daß sie ihre Lieben das letzte Mal gesehen hatte.

«Wer seid ihr? Was bringt ihr mir?» fragte sie die Knaben.

«Wir sind in einem fernen Land aufgewachsen. Hier haben wir Vater und Mutter verloren; seither leben wir bei einer alten Frau, die für Euch diesen Heiltrank bereitet hat.»

Da gingen der Radschini die Augen auf, sie erkannte ihre Kinder wieder. Sie weinte Freudentränen, herzte und küßte die Kinder.

«Ihr habt mir, liebe Kinder, die beste Arznei verabreicht!» sagte sie lächelnd. Das halbe Leid wich aus ihrem Herzen.

Der Radscha kehrte von der Jagd heim und traf die Kinder bei der Radschini an; als er sah, daß sich ihr Zustand merkbar gebessert hatte, beschenkte er die Knaben. Da schaute die Radschini den Radscha freundlich an und sprach:

«Gestatte, Mahipati, daß ich eine Bitte vortrage. Ich möchte eine gute Tat vollbringen, ich möchte Elende, Krüppel und Bettler in den Palast laden, um sie zu bewirten und zu beschenken. Die beiden Knaben und ihre Pflegemutter sollen meine Gäste sein, denn ihr Heiltrank hat Wunder getan; kaum hatte ich die Arznei genommen, da wich das halbe Leid aus meinem Herzen.»

Der hocherfreute Radscha ließ im ganzen Land austrommeln, er lade alle Elenden, Krüppel und Bettler in die Residenz.

Arme Teufel aus allen Winkeln des Landes strömten in den Palast; unter ihnen auch der Sohn des Zimmermanns.

Die Radschini hoffte, daß ihr Gemahl noch am Leben war, und nahm an, daß er die Gelegenheit wahrnehmen werde, bei den Leuten aus nah und fern nach ihr und den Kindern zu fragen. Sie mischte sich unter die Gäste, redete jeden an und beschenkte jeden. Da erblickte sie ihren Gemahl, der abseits stand. Sie ging zu ihm und flüsterte:

«Liebster, hör gut zu! Verrate nicht, wer du bist, sonst bist du des Todes. Dort unter dem Feigenbaum stehen unsere Kinder und eine gute Alte, ihre Pflegemutter; verlasse mit ihnen dieses Land. Nimm diesen Geldbeutel und lasse jenseits der Grenze eine Festung errichten, dann dinge verläßliche Wächter. In einem Monat will ich nachkommen; bis dahin mußt du alles erledigt haben, sonst ist es zu spät.»

Niemand beobachtete die Radschini, niemand vernahm ihre Worte, und niemand schenkte dem armen Teufel, der aus dem Palast schlich, Beachtung.

Mit einem Mal erlangte der Sohn des Zimmermanns alle seine Fähigkeiten wieder, es gelang ihm, sich, die beiden Knaben und die Alte in Sicherheit zu bringen. Er kehrte in seine Heimat zurück, fand dort gute Baumeister, die innerhalb eines Monats eine Festung errichteten, sowie verläßliche Wächter.

Der Radscha war überglücklich, daß die Radschini immer besserer Laune war. In einigen Tagen würde die dreijährige, von der Radschini festgesetzte Frist abgelaufen sein. Nichts war dem Radscha gut genug; er häufte im Palast Gold, Silber und Kostbarkeiten an. Als alles so war, wie er es sich vorgestellt hatte, lud der Radscha zahlreiche Gäste ein.

Der Herrscher und die Hochzeitsgäste waren auf der Jagd, indessen bot sie Radschini ihren Wächtern Palmwein an. Sie war die Freundlichkeit in Person, als sie sagte:

«Trinkt auf mein Wohl! Euch danke ich es, daß ich mich drei Jahre lang in Sicherheit gefühlt habe.»

Die Wächter tranken sich einen Rausch an und fielen in tiefen Schlaf. Da schlich sich die Radschini aus dem Palast. Ein Abgesandter ihres Gemahls wartete schon auf sie und führte sie zu ihrer Familie.

Sie waren wieder vereint! Sie herzten und küßten einander. Der Sohn des Zimmermanns pries die Radschini:

«Dir, meine kluge Gemahlin, verdanken wir, daß alles ein gutes Ende genommen hat.»

Zur Erinnerung daran, daß sie das Schicksal zusammengeführt hatte,
ließ der junge Fürst Paläste und Häuser erbauen, einen Marktplatz
und schöne Gärten anlegen. Fortan führten sie ein zufriedenes
und glückliches Leben; für sie war
die Welt ein Paradics.

GESCHICHTEN
VON TAPFEREN JÜNGLINGEN

«Dem Mutigen ist das Glück hold — das ist ein alter Weisheitsspruch. Freundschaft und Liebe, Eifersucht und Haß spornen zu großen Taten an», meldete sich der Befehlshaber einer mächtigen, im Grenzgebiet gelegenen Festung zu Wort. Er nahm einen kleinen Schluck Tee, stellte das Gefäß ab und fuhr fort: «Ich habe häufig gesehen, daß ein ängstlicher Mensch, der für seine Freundschaft oder Liebe kämpft, zu Heldentaten fähig ist. Ein Feigling vermag das nicht. Auch ein böser, bei allen verhaßter Mensch kann, wenn er Mut an den Tag legt, anderen — und sei es denen, die ihn aus gutem Grund hassen — einen großen Dienst erweisen. Es läßt sich nur schwer voraussagen, wie sich ein Mensch verhalten wird, wenn er dem Tod ins Antlitz schaut; das hat mich das unruhige Leben im Grenzgebiet gelehrt.»

Der Befehlshaber sprach leise, als hätte ihn das Getöse der Schlacht — die lauten Befehle, das Kampfgeschrei, das Trommeln, das Pfeifen, das Geläute — ermüdet.

Es wurde still. Niemand wagte es zu reden oder sich zu regen. Die Musikanten, die den Gästen aufspielen sollten, legten ihre Instrumente beiseite. Man hörte nur das Summen der Insekten, die die Lichter und die Feuer umschwirrten.

Fürst Ilangora, der ansonsten in Gesellschaft schweigsam war, wandte sich an den Befehlshaber und sprach:

«Unzählige Male, von frühester Jugend an, hast du, mein Herr, dem Tod ins Auge gesehen. Du hast ihn besiegt, du hast ein hohes Alter erreicht. Sag uns bitte, was du in schicksalsschweren Stunden über alles geschätzt hast.»

«Tapfere Männer, die nicht nur über den Gegner, sondern auch über ihre Leidenschaften den Sieg davongetragen haben, habe ich über alles geschätzt. Meinen Geschichten könnt Ihr entnehmen, was ich damit sagen will.»

Der Fürst
mit dem Schildkrötenpanzer

Es war einmal ein reicher Fürst, der hatte sieben Söhne. Als der älteste Sohn das Jünglingsalter erreicht hatte, bestellte der Fürst die klügsten Männer des Landes zu seinen Lehrern. Die Lehrer machten sich vergebliche Mühe, der Jüngling taugte zu nichts.

Mit seinen sechs jüngeren Söhnen hingegen legte der Fürst Ehre ein. Sie hatten aus Schriften Belehrung geschöpft und waren fähig, mit weisen Männern Gespräche zu führen. Sie waren nicht nur gute Reiter, Jäger und Krieger, sondern auch angenehme Gesellschafter, begabte Sänger und Dichter. Kein Wunder, daß sie überall gern gesehene Gäste waren.

Wenn sich der älteste Sohn in der Öffentlichkeit zeigte, pflegten ihn die Leute zu verhöhnen. Die Sticheleien seiner Brüder und das Grinsen fremder Leute tat der Jüngling mit einem Achselzucken ab. Es betrübte ihn nur, daß er den Mißmut seines Vaters erweckte. Eines Tages sagte er:

«Ich will in die weite Welt gehen, lieber Vater!»

«Ich bin einverstanden, daß du Kenntnisse und Erfahrungen sammeln willst», erwiderte der Vater.

Der junge Fürst verabschiedete sich von seinen Eltern und Brüdern, dann legte er ein kostbares Gewand an, bewaffnete sich mit einem guten Schwert, einem Bogen und Pfeilen, schwang sich auf ein edles Roß und ritt davon.

Er zog durch einen Wald. Der Wald war finster, denn die Sonnenstrahlen drangen nicht durch das üppige Laub; er war so dicht, daß sich der Reiter den Weg mit dem Schwert bahnen mußte.

Eines Abends verendete das Pferd, von einer Giftschlange gebissen. Der junge Fürst war über den Verlust des Tieres sehr betrübt; mühsam schleppte er sich zu Fuß weiter. Er war todmüde, und sein Körper war mit Schrammen bedeckt. Er kam zu einer ausgedehnten Lichtung und entdeckte dort eine reine Quelle, labte und erfrischte sich, dann schaute er sich um. In der Nähe stand eine Hütte, und davor brannte ein Feuer, an dem ein Hirt und eine Hirtin saßen. Der junge Fürst freute sich, daß er nach langer Irrfahrt wieder Menschen sah.

«Helft mir, ihr guten Leute, ich kann nicht weiter. Ich habe mich im Wald verirrt; mein Pferd ist unterwegs verendet, und ich glaubte schon, auch ich würde umkommen.»

Die Hirtin konnte sich an dem reichen Schmuck, den der junge Fürst trug, nicht satt sehen; sie sann, wie sie sich dessen bemächtigen könnte.

«Komm nur zu uns in die Hütte; kannst bei uns schlafen und mit uns essen. Wenn du dich ausgeruht hast, werden wir dir den Weg weisen.»

Die Hirtin schaffte den Schmuck und die Waffen, die der junge Fürst abgelegt hatte, beiseite. Sie reichte ihm erst einen Brei und Kokosnüsse, dann einen Trank, den sie aus getrockneten Kräutern und frisch gepflückten Blättern bereitet hatte. Sie sagte:

«Trinke, das ist ein kräftigender Trank.»

Nachdem der erschöpfte Fürst eingeschlafen war, flüsterte die Hirtin ihrem Mann zu:

«Ich will die kostbare Habe des Fremden für mich behalten!»

Der junge Fürst war erkrankt, er war lange bewußtlos und bettlägerig; die Hirtin sorgte für ihn und bereitete ihm verschiedene Tränklein. Allmählich sammelte der Kranke frische Kräfte; seine Erinnerungsfähigkeit gewann er jedoch nicht wieder — er wußte nicht, wer er war.

Zur großen Freude der Hirtin machte der junge Fürst keine Anstalten fortzuziehen. Er verrichtete die Arbeit eines Kuhhirten und wartete die Tiere so gut, daß ihr Fell nur so glänzte. In der Nähe der Quelle legte er einen kleinen Teich an und pflanzte an seinem Ufer Wiesenblumen. So lebte er dahin, als hätte er nie ein anderes Leben geführt.

Es machte ihm Freude, ein Liedchen zu singen oder zu pfeifen. Manchmal verfiel er in Schwermut; er hätte jedoch nicht sagen können, warum.

Die Herrin des Waldes war über die gute Arbeit und die schönen Lieder des Jünglings erfreut. Eines Morgens folgte sie ihm zur Quelle und flüsterte ihm zu:

«Deine Hände bringen viel Schönes hervor. Gräme dich nicht, guter Jüngling; gedulde dich, alles wird sich noch zum Guten wenden!»

In dem Augenblick ging dem Jüngling ein Licht auf; er wußte wieder, wer er war und woher er gekommen war.

«Ich gebe dir einen Schildkrötenpanzer, der wird dir Schutz gewähren. Schlüpfst du in diesen Panzer, so verwandelst du dich in eine große Schildkröte; wünschst du deine menschliche Gestalt zurück, so sage: Ich will wieder ein Mensch sein!» sprach die Herrin des Waldes und fuhr fort: «Befolgst du meine Ratschläge, so wird dich kein Unglück treffen. Verstecke den Schildkrötenpanzer im Dickicht. Bleibe noch ein Jahr hier; ist diese Frist abgelaufen, nimm den Schildkrötenpanzer und geh an den nahen königlichen Hof. Verrate nicht, wer du bist; tue, als wärst du ein armer Mann. Du wirst schon sehen, wozu das gut ist; du wirst schon wissen, wann du dich zu erkennen geben sollst. Handle nicht überstürzt; gut Ding braucht Weile!»

Ehe der junge Fürst der Herrin des Waldes danken konnte, war diese verschwunden. Er schlüpfte in den Schildkrötenpanzer; im Nu nahm er die Gestalt einer Schildkröte an und kroch durch das Gestrüpp. Dann sagte er: «Ich will wieder ein Mensch sein!» Der Schildkrötenpanzer fiel von ihm ab, und er verwandelte sich in einen mit Schwert und Bogen bewaffneten Fürsten, der ein edles Roß ritt. Niemand hätte gedacht, daß er noch vor einer Weile als Kuhhirt einhergegangen war. Er stieß einen tiefen Seufzer aus und sagte:

«Ich will wieder ein Kuhhirt sein!» Er nahm aufs neue das Aussehen eines Kuhhirten an und schickte sich an, aus Palmblättern Matten zu flechten.

Das Jahr war schnell verflogen. Das Leben im Walde war dem jungen Fürsten gut bekommen; er hatte einen durch Arbeit gestählten Körper und einen gesunden, regen Geist. Endlich war die Zeit um; eines Morgens versteckte sich der Jüngling im Dickicht, nahm den Schildkrötenpanzer und sagte mit leiser Stimme:

«Ich will wieder ein Fürst sein!»

Kaum hatte er seinen Wunsch geäußert, da saß er auf einem edlen Roß. Er trug wieder sein prächtiges Gewand und seinen Schmuck, er war wieder mit seinem Schwert und seinem Bogen bewaffnet.

In dem Augenblick flüsterte ihm die Herrin des Waldes zu:

«Siege als armer Mann, dann gib dich zu erkennen!»

Der junge Fürst schaute sich um, aber niemand war zu sehen.

Das Pferd jagte davon. Es strauchelte nicht, es suchte nicht seinen Weg. Es lief schnurstracks auf die Residenz des Radschas zu. Am Rande der Stadt machte es halt und schnaubte; der junge Fürst begriff, daß er sich vom Pferd trennen mußte, daß er sich in einen armen Mann verwandeln und den Schildkrötenpanzer verstecken mußte.

Der Jüngling ging in die Stadt; er ging durch die breiten Straßen und bewunderte die prunkvollen Tempel und Paläste. Er kam zum Garten des Radschas, ging um ihn herum und erblickte im fernsten Winkel des Gartens die Hütte einer alten Blumenfrau. Die Alte war eben dabei, Kränze zu flechten und Blumensträuße zu binden, denn morgens schmückte sie den Palast mit den schönsten Blumen des Gartens.

Der in Lumpen gekleidete Fürst redete die Alte an:

«Ich suche einen Dienst; vielleicht könnte ich hier im Garten arbeiten.»

«Für fleißige Leute gibt es im Garten immer genug zu tun. Die Teiche sind rein zu halten und das Laub ist zu rechen. So bleibe, wenn du Lust hast,», erwiderte das Mütterchen.

Der junge Fürst nahm das Angebot an. Binnen kurzem gewann die Alte ihren tüchtigen Gehilfen so lieb, als wäre er ihr Enkel. Sie redete ihn stets mit den Worten «mein lieber Enkel» an; deshalb glaubten die Leute, der Jüngling sei ihr leiblicher Verwandter.

Im Palast des Radschas hörte die Blumenfrau so manche Neuigkeit, die pflegte sie ihrem Gehilfen weiterzuerzählen. Eines Abends berichtete sie:

«Sechs Königssöhne aus dem Nachbarland und ihre zahlreichen Begleiter sind heute an unseren Hof gekommen; es war ein prächtiger Zug! Die Prinzen sind hochnäsig, sie tun, als ob sie die Herren der Welt wären; aber mir scheint, daß sie Hohlköpfe sind. Sechs Töchter unseres Radschas haben sich in die Prinzen vergafft, ihre Heirat ist schon eine fest beschlossene Sache. Die siebente, die jüngste Radschini ist die einzige, die den Prinzen keine Beachtung schenkt.»

Binnen Jahr und Tag vermählten sich die sechs Prinzessinnen mit den stolzen Prinzen; nur die siebente Prinzessin blieb unvermählt.

Die Schwiegersöhne des Herrschers gingen dem Vergnügen nach. Sie liebten die Jagd; Elefanten, Pferde und Waffen waren die einzigen Dinge, für die sie Sinn hatten.

Eines Tages jagten die Prinzen einen Hirsch. Dem Jagdgefolge gehörte auch der Enkel der Blumenfrau an; er trug den Jägern die Vorräte nach. In einem unbewachten Augenblick verschwand er im Dickicht und nahm dort seine wahre Gestalt an. Mit Pfeil und Bogen bewaffnet, saß er auf einem edlen Roß und tat, als würde er an der Hirschjagd teilnehmen. Als sich ihm die Prinzen näherten, verwandelte er sich im Dickicht in eine Schildkröte und versteckte sich.

Mehrmals spielte der junge Fürst dieses Versteckspiel; kein Wunder, daß man am Hofe des Radschas nur von dem unbekannten jungen Jäger sprach.

«Der unbekannte Reiter taucht plötzlich auf, und ebenso plötzlich verschwinden Reiter und Pferd», erzählte der älteste Prinz.

Eines Abends kamen die Angehörigen des Radschas in den Garten, denn sie wollten im Teich baden. Dem Enkel der Blumenfrau schenkte keiner von ihnen Beachtung, nur die jüngste Radschini bat ihn um Blumen.

Der junge Fürst dachte: Auch zum Gärtner ist die Radschini freundlich! Nach einer Weile erschien er vor ihr in seiner wahren Gestalt, machte vor ihr eine tiefe Verbeugung und lächelte sie an — und war verschwunden. Er verwandelte sich in eine große Schildkröte und versteckte sich unweit des Teiches unter den Ästen eines Feigenbaumes. Die jüngste Radschini, die diese Verwandlung mit angesehen hatte, deckte die Schildkröte mit einem Seidentuch zu und trug sie heimlich in ihr Gemach. Da zeigte sich der Fürst, wie er war, und schaute der Radschini in die leuchtenden, nachtfarbenen Augen. Nachdem die Radschini den Fürsten der strengsten Verschwiegenheit versichert hatte, vertraute er ihr sein Geheimnis an. Von jenem Tag an gaben sich die beiden öfters ein Stelldichein.

Eines Tages sah einer der Prinzen die unvermählte Radschini in Gesellschaft des Gärtners. Er rief seine Brüder zusammen und beratschlagte mit ihnen.

«Wir werden nicht dulden, daß sich unsere Schwägerin mit dem Gärtner trifft», sagte der älteste Prinz.

Der Radscha, dem die Prinzen Bericht erstattet hatten, ließ seine jüngste Tochter rufen und herrschte sie an:

«Ich will die Wahrheit erfahren!»

Die Radschini senkte den Kopf und schwieg.

«Ich jage dich fort!» rief der erzürnte Radscha. Noch am selben Tag vermählte er seine jüngste Tochter mit dem Gärtner, dann mußte sie den Palast verlassen.

Die junge Frau bewahrte das Geheimnis ihres Mannes; sie nahm die Spötteleien ihrer Schwestern und ihrer Schwäger geduldig hin, litt jedoch unter der Mißgunst des Radschas.

«Hab Geduld, stecke die Demütigungen ein, meine Liebe! Gräme dich nicht, bald kommt alles an den Tag! Weißt du denn nicht, daß eine giftige Zunge gefährlicher ist als eine Giftschlange?» tröstete der junge Fürst seine Gemahlin.

Dem Radscha mißfiel es, daß seine älteren Töchter und ihre Gatten ein müßiges und sorgloses Leben führten. Eines Tages sprach er:

«Liebe Schwiegersöhne, ihr solltet Fähigkeiten entfalten und Kenntnisse erwerben, die ein guter Herrscher haben muß. Ich bin schon alt und will den tüchtigsten, tapfersten und aufrichtigsten von euch zu meinem Nachfolger bestellen. Zeigt, was ihr könnt!»

Die Prinzen dachten lange darüber nach, wie sie den Radscha von ihren ungewöhnlichen Fähigkeiten überzeugen könnten. Schließlich meldete sich der drittälteste Prinz zu Wort:

«Wißt ihr was, liebe Brüder? Wir wollen morgen eine große Jagd veranstalten. Erlegen wir so viel Wild, daß es für ein Festmahl reicht, so wird der Radscha mit unserer Leistung sicher zufrieden sein. Auf diese Weise werden wir seine Gunst gewinnen. Einer von uns wird zur Herrschaft kommen, die anderen werden an seinem Hofe ein sorgloses Leben führen.»

Wie gesagt, so getan. Sie beendeten die Vorbereitungen zur Jagd, dann gingen sie zur Hütte der alten Blumenfrau. Dort trafen sie die jüngste Radschini an und sagten zu ihr:

«Wir gehen auf die Jagd. Will dein Mann mitkommen?»

«Ich will ihn fragen; seit dem frühen Morgen reinigt er den Graben.»

Ohne Zögern nahm der junge Fürst die Einladung an. Er bewaffnete sich mit einem alten Bogen und einem rostigen Messer, dann rief er:

«Gehen wir!»

Im Dickicht verloren die Prinzen ihren Schwager aus den Augen. Der junge Fürst nahm seine wahre Gestalt an und jagte; ehe die Sonne im Zenit stand, hatte er eine reiche Beute gemacht. Als er das Wild zusammengetragen und mit Palmblättern bedeckt hatte, kam er auf die Idee, den erlegten Tieren die Zungen herauszuschneiden.

Die Prinzen hatten kein einziges Tier erjagt. Sie bestaunten die Beute, die ein unbekannter Jäger gemacht hatte, und faßten den Entschluß, sie auf einen Elefanten zu laden und dann eilends alles in den Palast zu schaffen.

Der sich verbergende Fürst beobachtete die Prinzen im Dickicht. Eben wollte er sein Versteck verlassen, da bedrohte ihn eine große Giftschlange. Er spannte den Bogen, schoß den Pfeil ab und tötete das Tier.

Der Fürst nahm wieder die Gestalt des Gärtners an, mischte sich unter die Diener und warf in einem unbewachten Augenblick die Schlange auf die Beute. Nach einer Weile näherte er sich seinen Schwägern und erkundigte sich nach ihrem Jagdglück.

«Schau, unsere Beute!» rief einer der Prinzen und zeigte auf den beladenen Elefanten.

Ein anderer sagte: «Wenn du schon kein einziges Tier erlegt hast, so bewache unsere Beute; wir wollen uns nach der Jagd ausruhen.»

Die Prinzen ließen den jungen Fürsten bei der Beute zurück und ruhten sich eine Weile am Waldrand aus. Als sie zurückkamen und die Giftschlange auf dem erlegten Wild erblickten, fuhren sie ihren Schwager an.

«Wehe, unsere Beute ist sicher vom Schlangengift durchdrungen, sie ist ungenießbar! Schade um die Beute, um unsere Mühe! Warum hast du nicht besser achtgegeben, warum hast du die Schlange nicht rechtzeitig getötet? Aus Angst vor der Schlange hast du unsere Beute der Verderbnis preisgegeben.»

«Man sollte meinen, daß ihr, liebe Schwäger, bei der Jagd die Sprache der Tiere erlernt habt! Habt ihr denn nicht bemerkt, daß die von euch erlegten Tiere keine Zunge haben? Die Schlange ist eine Zugabe; sie soll euch daran erinnern, daß eine giftige Zunge gefährlicher ist als eine Giftschlange», erwiderte der Gärtner.

Während sie diesen Wortstreit austrugen, erschien der Radscha. Er schöpfte Verdacht und verlangte Aufklärung über den Streitfall.

«Ihr habt euch als Schwindler entpuppt!» schrie er die sechs Prinzen an. «Der Enkel der Blumenfrau hat euch beschämt, er ist ein tapferer Mann!»

In dem Augenblick nahm der Fürst seine wahre Gestalt an. Er war prächtig gekleidet. Der alte Radscha war hocherfreut, daß der Gatte seiner jüngsten Tochter der Sohn eines Fürsten war. Alsbald setzte er ihm die Makuta auf und überließ ihm seinen Platz unter der Tschatta.

Der Vogel der Jugend

In alten Zeiten lebte ein mächtiger Radscha in einem prächtigen Palast. In nächster Nähe, in dem Gehöft der Dienerschaft, hauste eine Witwe, die als Wäscherin der Herrscherfamilie recht und schlecht ihren Unterhalt verdiente. Obwohl sie arm war, schickte sie ihren einzigen Sohn zur Schule.

Einmal hatte der Radscha einen seltsamen Traum. Kaum waren ihm die Auge zugefallen, da träumte ihm von einem goldenen Vogel, der einen Kamm und einen Schnabel aus dunkelroten, funkelnden Rubinen und Augen aus blauen Saphiren hatte. Eine Weile pickte der Vogel zu

Füßen des Königs goldene Körner, dann schlug er mit seinen goldenen Flügeln, schwang sich in die Lüfte und entschwand. Nur die Edelsteine funkelten im Dunkeln.

Am Morgen rief der Radscha die Weisen des Landes zusammen. Er erzählte ihnen seinen Traum und forderte sie auf, diesen zu deuten. Die weisen Männer überlegten; nach einer Weile sprach der älteste von ihnen:

«Den Vogel, den du, mein Gebieter, im Traum geschaut hast, gibt es hinter sieben Bergen, hinter sieben Tälern im Palast der mächtigen Riesin Rakshasi. Wer den Vogel besitzt, der weiß nicht, was Krankheit ist, der bleibt bis ins hohe Alter jung und froh.»

Kaum hatte der Radscha diese Worte vernommen, da verlangte er nach dem Wundertier.

«Rakshasi kann den Vogel der Jugend entbehren, aber ich, ein mächtiger Radscha, brauche ihn, denn ich muß jung und gesund bleiben.»

Bald darauf ließ der Radscha in der Residenz und im ganzen Land austrommeln, er wolle dem, der ihm den goldenen, mit Edelsteinen geschmückten Vogel bringt, ein Siebentel seines Reiches und soviel Gold, Silber und Kostbarkeiten, wie der mächtigste Elefant tragen kann, schenken.

Die Menschen liefen zusammen, umringten die Trommler, hörten sie an und sagten dann mit einem Kopfschütteln:

«Wer könnte es fertigbringen, den Vogel der Jugend aus dem hinter sieben Bergen, hinter sieben Tälern gelegenen Palast der Riesin zu holen? Noch niemand, der es versucht hat, ist mit dem Leben davongekommen.»

Auch der Sohn der Wäscherin hörte die Kundmachung. Er ließ es sich nicht anmerken, daß er sich mit dem Gedanken trug, die Gefahr zu mißachten. Schließlich bat er die Mutter:

«Ich will mein Glück versuchen. Melde morgen dem Radscha, daß ich den Vogel der Jugend suchen will.»

Die Witwe rang die Hände; gerne hätte sie dem Sohn verwehrt, sich der Gefahr auszusetzen. Doch der Jüngling bat, sie solle ihn in die weite

Welt gehen lassen; schließlich gelang es ihm, die Mutter zu überreden. Sie ging an den Hof und meldete, ihr Sohn sei bereit, dem Radscha den goldenen Vogel zu holen.

Der Radscha war so begeistert, als hätte ihm der Jüngling den Vogel der Jugend schon überbracht. Er ließ die Witwe und ihren Sohn rufen und sprach:

«Mach dich bald auf den Weg! Was brauchst du dazu?»

«Mahipati, ich brauche ein Gewand, ein Roß und ein Schwert.»

Der Radscha gab dem Jüngling ein kostbares Gewand, ein feuriges Roß und ein Schwert aus gehärtetem Stahl.

Der Jüngling legte das wunderschöne Gewand an, gürtete sich das Schwert um und schwang sich auf das edle Roß — da sah er aus wie ein Kumara. Nachdem er von der Mutter ein Säckchen Reis erhalten und sich von ihr verabschiedet hatte, ritt er davon.

Er ritt über hohe Berge und tiefe Täler, er bahnte sich einen Weg durch ein Dickicht, durch das kein Sonnenstrahl drang. Schließlich kam er zu einer Quelle; dort machte er halt, gab dem Pferd Futter und Wasser. Als er das Säckchen Reis, das ihm die Mutter gegeben hatte, hervorholte, erblickte er einen alten Mönch, der am Stabe ging und sich anschickte, Wasser in eine Kokosnußschale zu schöpfen. Der Jüngling machte vor ihm eine tiefe Verbeugung, bot ihm Wasser und Reis an.

«Ich danke dir, lieber Sohn. Woher kommst du? Lange Jahre habe ich keine Menschenstimme mehr gehört.»

«Ich bin ausgezogen, den goldenen Vogel der Jugend zu suchen.»

«Weißt du, daß du dich in Gefahr begibst?» fragte der Greis und fuhr fort: «Viele Jünglinge haben sich einst unterfangen, Rakshasi den goldenen Vogel zu rauben, doch keiner von ihnen ist mit dem Leben davongekommen. Die Menschen haben es längst aufgegeben, dem Vogel der ewigen Jugend nachzujagen. Hör auf mich! Kehre um, solange es noch Zeit ist!»

Der Jüngling ließ sich von seinem Vorhaben nicht abbringen; er hatte sich ausgeruht und wollte weiterziehen. Da sagte der Mönch zu ihm:

«Nun gut, reite über den hohen Berg und durch das tiefe Tal. Am Ufer eines Flusses wirst du einem Mönch begegnen, der älter und erfahrener ist als ich. Bitte ihn um Rat; tue, was er dir sagt! Ich gebe dir einen Stein, der wird dir einen guten Dienst leisten. Sollte dich ein böser Geist oder Rakshasi verfolgen, so wirf den Stein hinter dich — plötzlich wird sich zwischen dir und deinem Verfolger ein hoher Berg erheben.»

Der Jüngling dankte dem Alten und machte vor ihm eine tiefe Verbeugung, dann schwang er sich auf sein Pferd und ritt davon. Er hatte sich müde geritten, da erblickte er das spiegelnde Wasser eines Flusses und eine Hütte.

Der alte Mönch, der dort lebte, fragte den Jüngling:

«Woher kommst du? Lange Jahre habe ich niemanden gesehen.»

«Ich will für meinen Radscha den goldenen Vogel der Jugend gewinnen», antwortete der Jüngling und machte eine tiefe Verbeugung.

«Weißt du denn nicht, daß dir große Gefahr droht? Viele Jünglinge vor dir sind ausgezogen, den Palast der Riesin zu suchen, doch keiner von ihnen ist mit dem Leben davongekommen. Höre auf mich! Kehre um, solange es noch Zeit ist.»

Der Jüngling bot dem Greis Wasser und Reis an und sagte:

«Ich habe dem Radscha versprochen, daß ich ihm den goldenen Vogel bringe, und will nicht eher ruhen, bis ich mein Verspechen gehalten habe.»

Der Einsiedler seufzte und sprach:

«Nun gut, reite über den hohen Berg und durch das tiefe Tal. Am Ufer eines Flusses wirst du einem Mönch begegnen, der älter und erfahrener ist als ich. Bitte ihn um Rat; tue, was er dir sagt! Ich gebe dir einen Dorn, der wird dir einen guten Dienst erweisen. Sollte dich ein böser Geist oder Rakshasi verfolgen, so wirf den Dorn hinter dich — plötzlich wird zwischen dir und deinem Verfolger ein undurchdringliches Gestrüpp wachsen.»

Der Jüngling dankte dem Mönch und machte vor ihm eine tiefe Verbeugung, dann schwang er sich auf sein Pferd und ritt davon. Er hatte sich müde geritten, da erblickte er das spiegelnde Wasser eines Flusses und eine Hütte.

Der Jüngling traf einen alten Mönch an. Er machte vor ihm eine tiefe Verbeugung, reichte ihm Wasser und Reis — doch der Greis schenkte ihm keine Beachtung. Erst als der Jüngling schüchtern fragte, ob er Feuer machen und ein Getränk kochen dürfe, erwiderte der Einsiedler in barschem Ton:

«Scher dich! kehr um! Ich weiß, weshalb du gekommen bist, du Narr. Schon viele Jünglinge, die nicht minder tapfer waren als du und den goldenen Vogel suchten, sind an meiner Hütte vorbeigekommen; keiner von ihnen ist je wiedergekommen. Deshalb habe ich deinen Gruß nicht erwidert, deshalb habe ich dich nicht willkommen geheißen. Koche auf meinem Feuer, schlaf in meiner Hütte und geh nach Hause!»

Der Jüngling dankte für den guten Rat, lehnte ihn jedoch entschieden ab und sagte:

«Ich habe dem Radscha versprochen, daß ich ihm den goldenen Vogel bringe, und will nicht eher ruhen, bis ich mein Versprechen gehalten habe.»

«Schon gut, schon gut,» seufzte der Alte, «so geh, aber sei vorsichtig und vernünftig. Am Tage kannst du unbehelligt über den Berg und durch das Tal reiten, denn Rakshasi ist nicht zu Hause. Wage es aber nicht, dich nach Sonnenuntergang dem Palast zu nähern. Bei Tagesanbruch verstecke dich, denn zu diesem Zeitpunkt steht die Riesin auf und geht aus dem Haus.» Der Alte ging zur Feuerstätte, nahm ein verkohltes Hölzchen und gab es dem Jüngling mit den Worten:

«Sollte dich ein böser Geist oder Rakshasi verfolgen, so wirf das verkohlte Hölzchen hinter dich — plötzlich wird zwischen dir und deinem Verfolger ein Feuer lodern.»

Der Jüngling bedankte sich bei dem Mönch für die wertvollen Ratschläge und prägte sich diese gut ein. Hinter sieben Bergen und hinter sieben Tälern kam er zu einem Dickicht, durch das die weißen Mauern des Palastes der Riesin schimmerten. Es war hellichter Tag, Rakshasi war nicht zu Hause. Ihre Pflegetochter stand am Fenster; als sie den stattlichen, prunkvoll gekleideten Jüngling auf seinem edlen Roß erblickte, schlug ihr Herz höher.

Das Mädchen, das einen Perlenkranz mit einem Rubin auf dem pechschwarzen Haar trug, lief aus dem Palast und rief dem Reiter mit glockenklarer Stimme zu:

«Halt! Geh nicht weiter, denn in diesem Hause würde es dir schlecht ergehen!»

Da meinte der Jüngling, er habe das lieblichste aller Mädchen vor sich. Er konnte es kaum fassen, daß die Riesin nicht nur einen goldenen Vogel, sondern auch ein so schönes Mädchen verborgen hielt; niemand hatte das Mädchen erwähnt.

«Ich kann nicht weiter», erwiderte er. «Ich habe mich verirrt und bin vom langen Ritt müde. Verstecke mich und laß mich dort übernachten.»

«Ich habe Angst, Angst um dich», sagte das Mädchen mit leiser Stimme. «Dieser Palast gehört der mächtigen Riesin Rakshasi; sie hat mich erzogen, als wäre ich ihre leibliche Tochter, und ich muß ihr in allem gehorchen. Rakshasi kehrt bald heim; findet sie dich, so ist es um dich geschehen. Fliehe!»

Der Jüngling band sein Pferd an einen Baum und sagte:

«Nach einer langen Irrfahrt habe ich hier ein Mädchen gefunden, das lieblich ist wie eine Lotosblume. Ich bleibe, und sollte ich meine Anwesenheit mit dem Leben büßen. Bitte, verstecke mich!»

Das Mädchen errötete, senkte den Kopf und führte den Jüngling in den Palast.

«Geh in die Dachkammer», sagte es. «Du darfst dich nicht verraten; bis zum hellen Morgen darfst du keinen Laut von dir geben. Bei Sonnenaufgang geht Rakshasi aus dem Haus, dann komme ich zu dir. Verstecke dich und rühr dich nicht, was immer auch geschehen mag!»

Eben verschwand die Sonne hinter dem Horizont, da war auch schon die Riesin zurück. Sie erblickte das an einen Baum angebundene Pferd und rief von weitem:

«Wem gehört das Pferd? Wer hat sich hierher verirrt?»

Das Mädchen erwiderte:

«Vom Fenster aus habe ich das Pferd gesehen, es scheint durchgegangen zu sein. Ich packte es an den Zügeln und brachte es her; ich wollte reiten.»

«Ich rieche Menschenfleisch!» rief die Riesin und blieb an der Schwelle stehen. «Wen hältst du verborgen?»

«Niemanden! Du hast dich in der weiten Welt getummelt, du hast dich bei den Menschen aufgehalten und hast ihren Geruch angenommen, jetzt nimmst du ihn wahr.»

«Mag sein», brummte die Riesin und ging zu Bett. Sie schnarchte laut; der arme Jüngling in der Dachkammer tat in jener Nacht kein Auge zu. Er vermeinte, den Atem der Riesin an seiner Wange zu spüren. Aus dem Gemach der Riesin ertönte plötzlich Vogelgesang.

Noch ehe der Morgen graute, rief der Vogel viermal; er wollte Rakshasi wecken.

Kaum war die Sonne aufgegangen, da ging die Riesin aus dem Haus. Das Mädchen holte den Jüngling aus der Dachkammer und tischte ihm frisches Wasser, Fleisch, Reis, Gemüse, Obst und Honig auf. Er aß und trank nach Herzenslust. Die jungen Leute unterhielten sich und lachten. Da stellte der Jüngling die Frage:

«Was für einen Vogel hält die Riesin in ihrem Gemach?»

«Den goldenen Vogel der Jugend. Ich zeige ihn dir, wenn du willst.»

«Natürlich möchte ich ihn sehen. Noch nie habe ich einen goldenen Vogel noch den Vogel der Jugend zu sehen bekommen», antwortete der Jüngling.

Das Mädchen öffnete die Tür, die zum Gemach der Riesin führte. Der Jüngling tat einen Griff nach dem goldenen Vogel, der einen Kamm und einen Schnabel aus dunkelroten, funkelnden Rubinen und Augen aus blauen Saphiren hatte.

«Schrei nicht, rufe die Riesin nicht herbei. Ich bin in der Absicht gekommen, dem Radscha den goldenen Vogel zu bringen», gestand der Jüngling.

«Nimm ihn, wenn du willst. Nur laß mich nicht hier zurück, Rakshasi würde mich töten», bat das Mädchen. Dem Jüngling schien es das lieblichste Geschöpf zu sein. Er nahm es bei der Hand und führte es zu seinem Pferd. Sie saßen auf und jagten davon.

Als sie über zwei Berge und durch zwei Täler geritten waren, kehrte die Riesin in den leeren Palast zurück. Im Nu schwang sie sich in die Lüfte und flog den Flüchtlingen nach.

«Es steht nicht gut mit uns, Rakshasi ist uns auf den Fersen!» rief das Mädchen, als es die Riesin sah. Der Jüngling dachte nicht lange nach und warf den Stein, den ihm der erste Mönch gegeben hatte, hinter sich. Da erhob sich plötzlich zwischen den Flüchtlingen und der Riesin ein hoher Berg. Die Riesin konnte den Berg nicht überfliegen, sie mußte ihn erklimmen. Inzwischen legten die Verfolgten ein gutes Stück Weges zurück.

Nach einer Weile rief das Mädchen wieder:

«Es steht nicht gut mit uns, Rakshasi ist uns auf den Fersen!»

Der Jüngling nahm den Dorn, den ihm der zweite Mönch gegeben hatte, und warf ihn hinter sich. Plötzlich wuchs zwischen den Flüchtlingen und der Riesin ein ausgedehntes Gestrüpp. Die Riesin konnte es nicht überfliegen, sie mußte sich mühsam durcharbeiten. Inzwischen legten die Verfolgten ein gutes Stück Weges zurück.

Nach einer Weile hatten die Verfolgten die Riesin im Rücken, sie streckte schon die Hand nach ihnen aus.

«Es steht nicht gut mit uns, Rakshasi hat uns eingeholt», rief das Mädchen in heilloser Angst.

Das Geschenk des dritten Mönches rettete die Flüchtlinge. Kaum hatte der Jüngling das verkohlte Hölzchen hinter sich geworfen, da brach ein Feuer aus. Die Flammen loderten zum Himmel empor; sie umzüngelten die Riesin.

Der Jüngling und das Mädchen setzten nunmehr unbehelligt ihren Weg fort. Als sie in der Hauptstadt ankamen, liefen die Menschen zusammen. Auch Abgesandte des Radschas eilten ihnen entgegen. Junge und Alte wußten nicht, was sie mehr bewundern sollten — den tapferen Jüngling, seine schöne Begleiterin oder den goldenen Vogel.

Die Wäscherin übergab das Wundertier dem Radscha. Der Vogel war aus Gold, sein Kamm und sein Schnabel waren aus dunkelroten, funkelnden Rubinen, seine Augen aus blauen Saphiren; es war der Vogel, von dem der Radscha geträumt hatte.

Der freudestrahlende Radscha streute dem goldenen Vogel goldene Körner hin; der Vogel pickte sie auf, schlug mit den Flügeln und ließ sich auf einer goldenen Stange nieder.

Der Radscha überließ dem Sohn der Wäscherin ein Siebentel seines Rciches. Er schenkte ihm auch so viel Gold, Silber und Kostbarkeiten, daß seine vier mächtigsten Elefanten die Last nur mit Mühe tragen konnten. Seit der Radscha im Besitz des Vogels der Jugend war, blieb er jung, gesund und froh.

Der Jüngling heiratete die Pflegetochter der Riesin und führte mit ihr und seiner Mutter ein zufriedenes und glückliches Leben.

Der Fürst
und die siebente Prinzessin

Es lebte einmal auf der Insel Lanka ein junger, lebensfroher Fürst, der gerne auf die Jagd ging. Überall war er ein willkommener Gast, denn er war ein ausgezeichneter Erzähler und Sänger; seinem Gesang lauschten nicht nur die Menschen, sondern auch die Vögel und die Tiere des Waldes.

Eines Tages ging der Fürst zum Fluß, nahm ein Boot und fischte. Er hatte einen guten Fang gemacht und wollte eben heimkehren, da kamen Räuber daher, die überfielen und beraubten ihn. Zu spät erkannten die Schurken ihr Opfer. Getrieben von der Angst, ihre Tat könnte für sie schlimme Folden haben, schlugen sie den Fürsten nieder und stießen das

Boot mit dem am Boden liegenden Fürsten ab. Es trieb auf dem reißenden Fluß dem Meere zu. Zum Glück erblickten zwei alte Frauen den Kahn.

«Der Kahn gehört mir!» rief die eine.

«Alles, was im Kahn ist, gehört mir!» rief die andere.

Die beiden Frauen zogen das Boot an Land. Den übel zugerichteten, halbtoten Mann nahmen sie bei sich auf, behandelten seine Wunden, gaben ihm Nahrung und sorgten für ihn.

Nur langsam erholte sich der Fürst. Quälende Gedanken gingen ihm im Kopf herum. Er dachte: Was soll ich Krüppel tun? Ich bin anderen Menschen eine Last und werde ein Gegenstand ihres Spottes sein. Wäre ich doch gestorben!

Die Alten sprachen dem Fürsten Mut zu, doch umsonst. Es bedrückte ihn immer mehr, daß zwei arme Frauen ihn pflegten und für seinen Unterhalt sorgten.

Eines Tages ließ der Radscha austrommeln, er wolle die Übeltäter, die Nacht für Nacht in seinem Garten die schönsten Blumen ausrissen, bestrafen und den, der sie ertappe, reich belohnen. Der Fürst hörte die Kundmachung und rief dem Trommler zu:

«Heda, komm her! Sag dem Radscha, ich wolle seinen Garten hüten und den Dieb ertappen, er soll mich in das Gartenhäuschen tragen lassen.»

«Was, du Krüppel, willst den Dieb ertappen? Wie willst du, der lahme Glieder hat, das anstellen?» höhnte der Trommler.

«Laß das meine Sorge sein. Tue, was ich dir aufgetragen habe!» befahl der Fürst.

Der Radscha schüttelte das Haupt, als er das Angebot des Fürsten erhielt. Er dachte: Mögen die Diener den Krüppel in meinen Garten tragen. Die Diebe haben den Garten bereits verwüstet, größere Schäden können sie nicht mehr anrichten.

Die Diener des Radschas trugen den Krüppel in das Gartenhäuschen, betteten ihn und schlugen die Tür zu; sie scherten sich nicht darum, ob der arme Teufel allein zurechtkam.

Der Fürst lag eine Weile da, dann sang er. Er sang alle Lieder, die er kannte; er reihte ein Lied an das andere, so wie man Perlen auf eine Schnur reiht. Da kamen sieben Prinzessinnen aus einem fernen Bergland in den Garten, die lockte der liebliche Gesang an. Als das letzte Lied verklungen war, forderten sie den Sänger auf, er solle sich ihnen anschließen.

«Ich kann nicht in den Garten, ich kann mich nicht rühren», rief der Fürst.

Da fiel der jüngsten Prinzessin ein, daß sie einen wundertätigen Ring trug. Sie drehte den Ring siebenmal und sagte:

«Ich will, daß der Sänger heile Glieder hat!»

Da konnte der Fürst von seinem Lager aufspringen und in den Garten laufen. Wie ein Raubvogel eine Schar Tauben, so scheuchte er die Prinzessinnen auf. Es gelang ihm, die Hand der jüngsten Prinzessin zu ergreifen und ihr den wundertätigen Ring abzustreifen; dann führte er sie zu den beiden Alten und sprach:

«Hütet die Radschini wie euren Augapfel. Ich gehe jetzt an den Hof des Radschas, dann komme ich sie holen.»

Die Alten standen wie versteinert, als der Fürst mit heilen Gliedern in Begleitung der lieblichen Prinzessin bei ihnen auftauchte.

Der Fürst eilte zum Radscha, machte vor ihm eine tiefe Verbeugung und sagte:

«Mahipati, heute nacht habe ich die Diebinnen, die deinen Garten verwüsteten, ertappt. Künftig werden sie dein Eigentum schonen; die Blumen in deinem Garten werden nur für dich blühen. Die mir zukommende Belohnung lasse, bitte, den alten Frauen, in deren Hütte mich deine Diener gestern angetroffen haben, auszahlen.»

«Gut, schon gut, doch erst führe mir die Diebinnen vor», sprach der Radscha.

Der Fürst eilte zurück zur Hütte. Die beiden Alten empfingen ihn mit Weinen und Klagen.

«Wir wollten der Radschini ein warmes Essen bereiten und frisches Wasser reichen, nur einen Augenblick haben wir sie aus den Augen gelassen — da war sie verschwunden, als wenn sie der Erdboden verschluckt hätte», sagten die Frauen.

«Weinet nicht, jammert nicht! Freut euch lieber, daß ich wieder heile Glieder habe», tröstete sie der Fürst.

Er wollte sich von der Zauberkraft des Ringes, den er der Prinzessin abgenommen hatte, überzeugen. Es gelang ihm nicht, den Ring anzustecken, denn seine Finger, sogar sein kleiner Finger, waren zu dick. Er besah, rieb und drehte den Ring, alles war umsonst. Er konnte nicht herausbekommen, was er tun sollte. Der Fürst war verärgert; er seufzte und steckte den Ring ein.

Bald darauf dankte der Fürst den beiden Alten für ihre Fürsorge und verabschiedete sich von ihnen. Er ging die Prinzessin suchen; er wanderte kreuz und quer durch das Land. Die Prinzessin war unauffindbar.

Eines Tages begegnete er einem Jäger mit jungen Wildschweinen. Die quiekenden, unter der Hitze leidenden Tiere dauerten ihn; er gab dem Jäger die Hälfte seines Geldes und ließ die Tiere laufen. Da ertönte hinter seinem Rücken eine Stimme:

«Merke dir: Bist du hilfsbedürftig, sind wir hilfsbereit!»

Die Wildsau verschwand mit ihren Jungen im Dickicht.

Gegen Abend begegnete der wegmüde Fürst einem Vogelhändler, der ein Vogelbauer mit Tauben trug. Die mit den Flügeln schlagenden, gurrenden Tiere dauerten ihn; er gab dem Vogelhändler den Rest seines Geldes und ließ die Tiere frei. Da kreiste eine Taube über seinem Kopfe und rief:

«Vergiß nicht: Bist du hilfsbedürftig, sind wir hilfsbereit!»

Die Nacht brach herein. Der müde, hungrige und durstige Fürst konnte nirgends einkehren, weil er kein Geld mehr hatte. Da erblickte er Leuchtkäfer, die an einem Baum klebten.

«Geduld! Geduld!» sagte er zu ihnen und half ihnen freizukommen.

Die Leuchtkäfer zeigten dem Fürsten Kokospalmen, die reife Früchte trugen, und leuchteten ihm auf den Weg.

Der Fürst gelangte in das benachbarte Königreich und machte am Ufer eines großen Sees halt. Er schaute sich um und erblickte sechs

Jungfrauen, die Wasser in ihre Krüge schöpften. Er schaute genauer hin — es waren die Prinzessinnen, die er im Garten des Radschas ertappt hatte. Die lieblichste Prinzessin war nicht unter ihnen.

Schnell verbarg sich der Fürst und sann, wie er die siebente Prinzessin finden könnte. Er ging auf die Prinzessinnen zu, machte vor ihnen eine tiefe Verbeugung und bat:

«Gebt mir bitte zu trinken!»

Die älteste Prinzessin reichte ihm ihren vollen Krug. Das Wasser war rein und kalt; der Fürst trank und erfrischte sich, dann ließ er den wundertätigen Ring in den Krug fallen. Die Prinzessinnen machten sich auf den Heimweg, sie gingen in den königlichen Palast. Der Fürst folgte ihnen.

«Wer bist du? Was willst du hier?» fragte ihn ein Wächter.

«Ich will beim Maharadscha Klage erheben. Führe mich zu ihm!»

Als er vor dem mächtigen Maharadscha stand, machte der Fürst eine tiefe Verbeugung. Der Herrscher schaute finster drein und fragte:

«Was willst du? Sprich!»

«Ich hatte einen Ring, der mir wert war. Eine der sechs Prinzessinnen hat ihn mir heute, als wir einander am Ufer des Sees begegneten, genommen.»

Die Stirn des Königs war umwölkt wie der Himmel, wenn ein Gewitter im Anzuge ist. Er befahl: «Ruft die Prinzessinnen!»

Die Prinzessinnen erschienen und beteuerten:

«Wir haben dir gestattet, aus unserem Krug zu trinken. Deine Sachen haben wir nicht angerührt, wir haben dir nichts genommen!»

«Leert die Krüge! In einem von ihnen werdet ihr den Ring finden», sagte der Fürst.

In der Tat, aus einem der Krüge fiel der wundertätige Ring.

«Du bist dreist! Dieser Ring gehört meiner jüngsten Tochter, und du wagst es, ihre Schwestern zu beschuldigen, sie hätten dir diesen Ring entwendet. Das ist unerhört, ich lasse dich festnehmen!» rief der erzürnte Maharadscha.

Der beherzte Fürst antwortete:

«Mitnichten, Mahipati! Einst gehörte der Ring Eurer jüngsten Tochter, doch sie hat ihn mir überlassen, als ich sie aus dem Garten des Radschas führte. Nun bitte ich Euch, den Ring Eurer jüngsten Tochter anzustecken und ihn so zurückzugeben.»

Der Maharadscha fand an dem beherzten Jüngling Gefallen und sprach in ruhigerem Ton:

«Wir werden sehen, ob ich dich mit meiner Tochter vermähle. So leicht wirst du nicht mein Eidam. Heute ruhe dich aus, morgen wird es sich zeigen, ob du ein ganzer Mann bist.»

Am nächsten Morgen führte der Maharadscha den Freier auf ein weites Feld, auf dem Yams reiften.

«Willst du meine Tochter erringen, so mußt du bis Sonnenuntergang alle Yams herausnehmen. Bleibt auch nur eine einzige Wurzel im Boden, so will ich dich nicht zu meinem Eidam haben.»

Der Fürst schaute sich um und seufzte. Das Feld dehnte sich bis an den Horizont aus; er würde einen Monat brauchen, wollte er allein alle Wurzeln herausnehmen. Er dachte: Man wird mich mit Schimpf und Schande davonjagen! Doch vielleicht könnten mir die Wildschweine helfen?

Er wollte seinen Augen nicht trauen. Plötzlich tauchten unzählige junge Wildschweine auf, die mit ihren Rüsseln das ganze Feld aufwühlten, alle Yams — ob klein, ob groß — herausnahmen und fein säuberlich zusammenlegten. Es war eine Freude, ihnen zuzuschauen. Der Fürst war sprachlos; er rieb sich die Augen, so schnell war die Arbeit verrichtet.

«Du bist ein tüchtiger Mann!» lobte der Maharadscha den Freier. In den Abendstunden lud er den Fürsten zu sich, unterhielt sich mit ihm und fragte ihn aus. Am nächsten Morgen gab er ihm eine neue Arbeit auf.

«Hinter meinem Palast haben meine Leute Senf angebaut. Die Samen sind reif; ernte sie und liefere sie bis Sonnenuntergang ab. Mag sein, daß ich dich dann in meine Familie aufnehme.»

«Ach, helft mir, liebe Täubchen, sonst jagt man mich mit Schimpf und Schande davon!» rief der Fürst. Da kam eine Schar Vögel geflogen; dem

Fürsten schien es, als ob sich alle auf der Insel lebenden Vögel auf dem Feld niedergelassen hätten. Die Sonne stand hoch am Himmel, da waren alle Tröge, Eimer, Truhen und Säcke, die es im Palast gab, mit Senfkörnern angefüllt.

Der Maharadscha war zufrieden und sprach:

«Ich sehe, daß du ein ganzer Mann bist, deshalb will ich dich mit einer meiner Töchter vermählen. Wirst du, lieber Sohn, die Auserwählte deines Herzens erkennen?»

Nach dem Abendessen geleitete der Maharadscha den Fürsten in ein stockfinsteres Gemach.

«Nimm deine Auserwählte bei der Hand und führe sie zu mir; ich will dich mit ihr vermählen.»

Es war so finster, daß der Fürst nichts sehen konnte. Er konnte weder die Gestalt noch das Gesicht der Anwesenden wahrnehmen. Kaum hatte er sich der Leuchtkäfer erinnert, da waren sie auch schon im Gemach. Es wurde hell, als hätte man viele Laternen angesteckt. Der Fürst erkannte die jüngste Prinzessin, nahm sie bei der Hand und führte sie zum Maharadscha. Dieser war hocherfreut und sprach:

Eine alte Prophezeiung hat sich erfüllt! Du bist der richtige Eidam und Nachfolger; dich haben meine Töchter im Garten des Radschas gesucht.»

Der Fürst vermählte sich mit der jüngsten Prinzessin
und folgte dem alten Maharadscha in der
Herrschaft. Fortan führten alle
ein zufriedenes und
glückliches Leben.

Der König der Diebe

Es war einmal ein junger Radscha, der hätte mit seiner jungen Gemahlin und seinem Söhnchen glücklich sein können; doch er hatte einen Fehler: er war aufbrausend. Eines Tages erzürnte er sich wegen einer Nichtigkeit über seine Gemahlin und verstieß sie und ihr Söhnchen.

Die beschämte Devi kehrte zu ihren Eltern zurück und erduldete viel Schmach, weil die Leute sie sowohl öffentlich als auch im geheimen verhöhnten. Sie und ihr Söhnchen Matalana lebten in dürftigen Verhältnissen, obwohl der Radscha eine mit Gold und Silber angefüllte Schatzkammer hatte.

Als Matalana im Jünglingsalter war, brachte er in Erfahrung, daß er der Sohn des Radschas war. Spielend erlernte er alles, was ein Kumara wissen sollte. Doch statt seine Mutter, die ihre Hoffnung auf ihn gesetzt hatte, zu erfreuen, enttäuschte und betrübte er sie.

Er schwor seinem Vater Rache. Er begann zu stehlen, und bald war er der geschickteste Dieb in der Stadt. Er vergriff sich nur am Eigentum des Radschas. Dieser ließ ihn verfolgen, ließ Paläste und Wege bewachen, doch alles war umsonst. Matalana, der König der Diebe, lief frei herum und lebte im Überfluß.

Der Radscha schnaubte vor Wut, weil es dem Dieb stets gelang, die Wächter zu überlisten.

«Wart nur! Fangen dich meine Schergen, so lasse ich dich in den Bock spannen und vor dem Palast zur Schau stellen. Du sollst deine Missetaten mit dem Leben büßen!»

Er ließ einen Zimmermann rufen und befahl ihm, aus dem härtesten Holz, das er auftreiben konnte, einen Bock anzufertigen und ihn mit einem schweren Schloß zu versehen.

Als der Zimmermann die Bestellung ausgeführt hatte, erschien bei ihm Matalana, der sich für einen Kammacher ausgab und Zierkämme aus Schildpatt feilbot. Die Männer sprachen von diesem und jenem; der Zimmermann wählte einen schönen Kamm aus und feilschte. So nebenbei fragte Matalana:

«Was hast du da gezimmert, Ajija?»

«Das ist ein Bock; der Radscha will den Missetäter, der ihn immer wieder bestiehlt, in diesen Bock spannen, er soll ihm nicht entkommen.»

Matalana tat sehr überrascht:

«Ich habe noch nie so etwas gesehen. zeig mir, Ajija, wie man den Missetäter in den Bock spannen wird. Wird dieser geriebene Kerl wirklich nicht entkommen können?»

Der Zimmermann nahm das Vorhängeschloß ab und steckte seine Füße in den Bock.

Da sprang Matalana herbei, legte das Schloß vor, nahm den Schlüssel zu sich und verabschiedete sich:

«Du hast, Ajija, das Sprichwort vergessen: Wer andern eine Grube gräbt, fällt selbst hinein!»

Ehe sich der Zimmermann versah, war Matalana auf und davon.

Am nächsten Morgen suchten der Radscha und seine Schergen den Zimmermann auf. Zu ihrer nicht geringen Überraschung steckte der Meister im Bock und schrie um Hilfe.

«Was ist los?» frate der Radscha.

Der Zimmermann berichtete ihm, was sich am Vortag zugetragen hatte.

«Laß das Klagen! Ich sehe, daß du gute Arbeit geleistet hast», stellte der Radscha fest.

«In der Tat. Aber jetzt will ich freikommen!» rief der Zimmermann.

Der Radscha befahl, man solle den Zimmermann freimachen. Da der Schlüssel fehlte, konnten die Schergen das Vorhängeschloß nicht aufschließen. Es blieb ihnen nichts anderes übrig, als den Bock zu zerhacken.

Am nächsten Tag, in den Abendstunden, trieb sich Matalana in der Nähe der Wäscherei, wo man die Kleidung der Bewohner des königlichen Palastes wusch, herum. In einem unbewachten Augenblick bemächtigte er sich eines Gewandes des Radschas und band es in ein Bündel; er lief zu einem nahen Teich und wusch dort das Gewand. Der Diener, der für die Kleidung des Radschas verantwortlich war, ertappte Matalana und dachte: Gut, daß ich nicht den Kopf verlor, als ich den Diebstahl entdeckte. Jetzt wird mich der Radscha nicht zur Verantwortung ziehen; wenn ich ihm verrate, wo sich der Dieb aufhält, wird er mich sicher belohnen. Unverzüglich benachrichtigte er den Herrscher.

Der Radscha wollte höchstpersönlich den Missetäter, der ihn dem Spott preisgab, ertappen. Er schwang sich auf sein Pferd und ritt mit mehreren Schergen zum Teich.

Von weitem erblickte Matalana den Radscha und seine Begleiter. Er mußte darüber lachen, daß der Radscha so viele bewaffnete Männer aufgeboten hatte. Er stieß einen umgestülpten Kessel in die Mitte des Teiches und rief:

«Der Dieb ist hier! Er ist im Wasser, nur sein Scheitel ragt heraus.»

Auch diesmal ging der Radscha dem Dieb auf den Leim. Er entledigte sich seiner Kleider und sprang ins Wasser. Matalana hatte nur darauf gewartet; er legte das Gewand des Radschas an, schwang sich auf sein Roß und rief die Schergen zusammen:

«Dort ist der Dieb, haltet ihn! haltet ihn, er ist im Wasser!»

Die Schergen sprangen ins Wasser und zogen den Radscha heraus. Ohne in der Dunkelheit richtig zu sehen, prügelten sie auf ihn ein, fesselten ihn und schleppten ihn in den Palast. Erst dort erkannten sie, daß ihnen ein unliebsamer Irrtum unterlaufen war.

Der Radscha brauchte einige Tage, um sich von diesem Vorfall zu erholen; mit jedem Tag wurde seine Wut auf Matalana größer. Er verstärkte die Wachen, die sein Eigentum schützen sollten, und schickte nach allen Seiten Kundschafter aus. Dem, der den Dieb fesseln und ausliefern würde, versprach er einen Teil seines Reiches und obendrein drei mit Gold und Perlen angefüllte Säcke.

Der Dieb mußte lachen, als er davon hörte. Er wollte dem Radscha noch einmal eine Lehre erteilen, dann wollte er in Begleitung seiner Mutter das Land verlassen. Er ließ die Nachricht verbreiten, Matalana halte sich häufig zu nächtlicher Stunde unweit des Palastes des Radschas in einem Häuschen, das ein schönes Mädchen mit seinem Vater bewohnt, auf. Kaum hatte der Radscha davon Kenntnis erhalten, da nahm er sich vor, des Diebes habhaft zu werden.

Matalana rieb sich die Hände. Er verkleidete sich als Färber, tat einige Stoffe in einen Korb und suchte erneut die Wäscherei auf. Der diensttuende Diener erkannte den vermeintlichen Färber nicht und versprach, seine Ware zu waschen.

Der Dieb wartete geduldig. Er nahm frische Kuchen aus seinem Korb und bat um einen Schluck Wasser.

«Was ißt du?» fragte der neugierige Diener.

«Was, du hast noch nie von den mürben Reiskuchen gegessen, die auf den hohen Palmen jenseits des Baches wachsen? Setz dich neben mich in den Schatten und koste davon. Als ich vor einer Weile diese Kuchen pflückte, waren die Palmen noch voll behangen.»

Der Diener hörte Matalana mit offenem Munde zu, dann eilte er davon; er durchwatete den Bach, kletterte auf die höchste Palme — und fand tatsächlich zwischen den Blättern mürbe Reiskuchen, die Matalana dort hatte wachsen lassen. Während sich der naschhafte Diener an den Kuchen gütlich tat, entwendete der Dieb ein Gewand des Radschas. Der Diener kehrte zurück, Matalana übernahm die Stoffe und eilte davon.

In den Abendstunden trommelte ein Mann aus, der Radscha habe auf Matalanas Kopf einen Preis gesetzt.

Der als Färber verkleidete Dieb kam zum Trommler und sagte:

«Übermittle dem Radscha diese Nachricht: Binnen drei Wochen will ich Matalana ausliefern.»

Der Trommler führte Matalana in den Palast des Radschas. Der Dieb trat vor den Radscha, seinen Vater, machte eine tiefe Verbeugung und sagte:

«Mahipati, ich weiß, wo sich Matalana aufzuhalten pflegt, und will ihn dir binnen drei Wochen ausliefern. Umsonst würdest du Krieger, Schergen und Wachen aufbieten, um des Missetäters habhaft zu werden; dieser geriebene Kerl findet es stets heraus, wenn du ihn fangen willst. Du mußt Matalana wie ein Wild in die Falle locken. Ich rate dir, dich als Kaufmann zu verkleiden und in den Abendstunden in das Haus, das an das von Matalana besuchte angrenzt, zu gehen. Du würdest niemandem auffallen und könntest den Missetäter beobachten. Eines Tages will ich dir einen Wink geben, dann könntest du Matalana überraschen und festnehmen. Ich werde stets in deiner Nähe sein.»

Der vom Färber ausgeheckte Plan gefiel dem Radscha. Es lockte ihn auch die Aussicht, sich einem bildschönen Mädchen nähern zu können. In den darauffolgenden Tagen machte sich Matalana keines neuen Diebstahls verdächtig; der als Kaufmann verkleidete Radscha vergnügte sich in dem Haus, von dem aus er das Treiben Matalanas verfolgen wollte. Der Färber pflegte sich zum Radscha zu gesellen und nachzuschauen, ob sich der Dieb im benachbarten Hause aufhielt — doch dieser entging allen Nachstellungen.

Nahezu drei Wochen lebte Matalana im väterlichen Palast. In einer stockfinsteren, stillen Nacht, während sich der Radscha vergnügte, plünderte Matalana die Schatzkammer des Radschas. Er tat die entwendeten Kostbarkeiten in Säcke und brachte sie an einen sicheren Ort; dann legte er das in der Wäscherei gestohlene Gewand des Radchas an, schwang sich auf sein Pferd und befahl den Schergen:

«Mir nach!»

Sie ritten zum Haus, in dem sich der als Kaufmann verkleidete Radscha amüsierte. Matalana trat ans Fenster und rief:

«Dort drinnen ist der Dieb als Kaufmann verkleidet! Haltet ihn und spannt ihn auf die Folterbank!»

Während die Schergen ins Haus eindrangen, machte sich Matalana davon.

Die Schergen verabreichten dem König eine tüchtige Tracht Prügel, spannten ihn auf die Folterbank und verhöhnten ihn noch obendrein. Erst gegen Morgen kam der Befehlshaber der Wache, der erkannte den Radscha und befreite ihn aus der mißlichen Lage. Der Radscha war so beschämt, daß er längere Zeit sein Gemach nicht verließ.

In Begleitung seiner Mutter ging Matalana ins benachbarte Königreich. Dort ließ er ein schönes Haus erbauen, in dem auch seine Mutter wohnte. Matalana betrieb Handel;
er war ein ehrlicher und nach einiger Zeit
auch ein geachteter Kaufmann.

NACHWORT

Der Südspitze Indiens vorgelagert, von den warmen Fluten des Indischen Ozeans umspült, liegt die Insel Ceylon. Der Form nach ähnelt sie den wohlschmeckenden Mangopflaumen, die in ihren ertragreichen Gärten wachsen, oder einem Tropfen des Monsunregens, der ihre durstige Erde tränkt, aber am ehesten einer der kostbaren Perlen, die aus ihren seichten Küstengewässern gefischt wurden und die auch am Hofe des Königs Salomon eine begehrte Kostbarkeit waren.

In alten Zeiten gaben die arabischen Seefahrer der Insel den Namen „Schatzinsel". Die Singhalesen nannten sie Singhaladipa, „Insel des Löwengeschlechts". Der Name Ceylon, den die Europäer heute noch verwenden, ist möglicherweise von „Singhaladipa" abgeleitet. Der 1972 auf der Insel gegründete Staat hat den Name Sri Lanka angenommen; das Wort Sri kann man mit Glück oder Wohlstand wiedergeben. Die Schönheit der Natur und die Pracht der Kunstdenkmäler haben der Insel noch einen Namen eingebracht — die poetische Bezeichnung „Perle des Indischen Ozeans".

Nach der letzten Volkszählung (1981) hatte Sri Lanka 14 850 000 Einwohner. Die Singhalesen, ein indoarisches Volk, das in der 1. Hälfte des I. Jahrtausends v. u. Z. in mehreren Strömen vom Festland kam, sind zahlenmäßig überlegen (74 %). Sie halten sich für die Nachkommen eines ostindischen Königsgeschlechts; der Sage nach stammen sie von einem Löwen (sinha) ab, dem sie ihre Ausdauer, ihre Tapferkeit und ihren Kampfgeist verdanken.

In alten in Pali — der Religionssprache der Buddhisten von Sri Lanka, Burma und Thailand — verfaßten Schriften werden die Züge der vom legendären Helden Vijaya angeführten Vorfahren der Singhalesen und der Zusammenstoß mit den

Urbewohnern des Landes, den Wedda, dargestellt. Die einheimische Bevölkerung lebte vor allem von der Jagd; sie stand auf einer viel niedrigeren Entwicklungsstufe als die vordringenden Singhalesen.

Um die Besetzung fremden Landes zu begründen und zu rechtfertigen, wurden die Urbewohner der Insel für böse, den Menschen feindlich gesinnte Geister erklärt, die man mit allen Mitteln bekämpfen durfte. Das auf einer höheren Entwicklungsstufe stehende, Ackerbau treibende Volk ging aus dem Kampf als Sieger hervor. Die einheimischen Stämme wurden in die unzugänglichen Gebirgsgegenden zurückgedrängt. Dort leben ihre Nachkommen, die Wedda, bis zum heutigen Tag.

Zuerst besiedelten die Singhalesen die Küstenebenen im Nordwesten. Trotz des dortigen Trockenklimas war das Land fruchtbar. Die tropische Vegetation prangte in üppigem Grün und hob sich vom Lateritboden, einem rot gefärbten Boden, ab.

Die Singhalesen, die sich auf der Insel niederließen, betrieben Ackerbau, vor allem Reisbau. Reis ist eine wasserliebende Pflanze; setzte die Regenzeit zu spät ein oder gab es ein niederschlagsarmes Jahr, drohte eine Mißernte und eine Hungersnot. Um einer solchen Katastrophe vorzubeugen, erbauten die Singhalesen ein sinnreiches Bewässerungssystem mit Wasserbassins und Kanälen. Dank dieser Einrichtungen konnten sie zweimal im Jahr ernten.

Im 6. Jahrhundert v. u. Z. wurde das erste singhalesische Reich gegründet. Hauptstadt wurde Anuradhapura. 1 500 Jahre lang blieb diese das administrative und kulturelle Zentrum des Landes. Auf einer Fläche von nahezu 40 km² haben sich Überreste von Monumental- und Wohnbauten, von Palästen und Wirtschaftsgebäuden, von buddhistischen Klöstern und Heiligtümern erhalten. Typische, auf der ganzen Insel verbreitete Baudenkmäler sind die Dagoben — zu Ehren Buddhas, seiner Schüler oder als Reliquienschreine errichtete Kultbauten. Sie haben einen kreisförmigen Grundriß und eine aufstrebende Kuppel, die das Weltei symbolisiert. An die Stelle des kreisförmigen Grundrisses trat später auch ein polygonaler.

Der Buddhismus förderte auf Lanka die Entwicklung sowohl der materiellen als auch der geistigen und künstlerischen Kultur. Im 3. Jahrhundert v. u. Z., besonders unter Kaiser Aschoka (273—232), setzte die erste Blütezeit ein. Mahinda, der aus Indien stammende Brunder des Kaisers, bekehrte den Herrscher und die meisten seiner Untertanen zum Buddhismus. Die neue Lehre prägte die Weltanschauung und die Kultur, die Lebensweise und den Nationalcharakter der Singhalesen.

Schon in der Epoche der Frühgeschichte bestanden zwischen Ceylon und dem nahegelegenen Südindien enge wirtschaftliche und kulturelle Kontakte.

Seit dem 3. Jahrhundert v. u. Z. drangen aus Südindien die Tamilen, die Anhänger des Hinduismus waren, ein. Die Sprache, die Denk- und Lebensweise der beiden Völkerschaft beeinflußten einander; dadurch gewann die Kultur der Bewohner der Insel an Vielfalt.

In jener Zeit wurde das singhalesische Reich mehrmals von Tamilen, die von Südindien aus vorrückten, überfallen. Es gab Zeiten, in denen die Tamilen große Teile der Insel beherrschten. In den damaligen Kriegszeiten wurde die Hauptstadt des Reiches verlegt; vorübergehend waren Polonnaruva, Dambadenija, Japahuva, Kurunegala, Gapola und Kotte die Residenz. Schließlich gründeten die Tamilen im Norden der Insel ein eigenes Königreich. Auf der Insel lebten seither zwei ethnische Einheiten, die sich durch Sprache, Religion, Lebens- und Verhaltensweise unterscheiden.

Die wirtschaftliche, politische und kulturelle Entwicklung auf Ceylon wurde im 16. Jahrhundert gewaltsam unterbrochen. Auf der Insel setzten sich nacheinander die Portugiesen, die Niederländer und die Engländer fest.

Am 4. Februar 1948 erlangte Ceylon als Dominion im Britischen Commonwealth die staatliche Selbständigkeit. Am 22. Mai 1972 wurde mit der Verkündung einer neuen Verfassung der Dominionstatus aufgehoben und die Republik Sri Lanka ausgerufen.

Die Kunst von Sri Lanka wird zur indischen Kunst im weiteren Sinne gerechnet, weist jedoch deutliche Eigenheiten auf. Die Singhalesen nahmen in ihre Musik und ihren Tanz, in ihre bildende Kunst und ihre Literatur fremde Elemente auf, doch sie entwickelten diese weiter oder gestalteten sie um.

Ähnlich verhält es sich mit der Volksdichtung. Sowohl in den indischen Märchen als auch in denen der Singhalesen ist häufig von schrecklichen und bösen Dämonen die Rede, die Helden können ihrem Schicksal nicht entgehen, und Wissen wird über alles geschätzt.

JAN FILIPSKÝ

WORTERKLÄRUNGEN

Adipada, der — erstgeborener Prinz
Ajija — mein Bruder, mein Freund
Dagoba, die (MZ — ben) — singhalesische Bezeichnung für Pagode oder Stupa
Devi, die — Königin
Drawiden, die (Mz) — dunkelhäutige, vorindoeuropäische Sprachfamilie im südlichen und mittleren Indien und Sri Lanka (Tamilen), in der Regel Anhänger des Hinduismus
Ekavali, die — Perlenschnur des Königs
Hinduismus, der — indische Religion, entstanden aus einer Verschmelzung verschiedener religiöser Vorstellungen. Wesentlicher Bestandteil ist das Kastensystem
Kirita, die — Diadem
Kumará, der — Prinz
Madhupajasa, die — süßer Brei
Maharadscha, der (Mz — s) — indischer Großfürst, eigentlich Großkönig
Mahipati, der — König, mächtiger Herrscher
Makuta, die — mit Edelsteinen besetzte goldene Krone
Mantin, der — Ratgeber des Königs
Polanga, die — kleine Giftnatter, lebt auf Ceylon
Radscha, der (Mz — s) — auch Raja — Titel eingeborener indischer und malaiischer Fürsten
Radschadhiradscha, der — König der Könige
Radschini, die (Mz —) — Prinzessin
Rupie, die (Mz — n) — Währungseinheit in Indien, Pakistan, Sri Lanka und anderen Ländern
Sandelholtz, das — von verschiedenen tropischen Bäumen stammendes weißes, gelbes oder rotes Holz
Singhalesen, die (Mz) — indoarisches, in Sri Lanka lebendes Volk, in der Regel Buddhisten
Tamariske, die — ein Zierstrauch, eine Strauchgattung Südeuropas, Nordafrikas und Asiens; sie hat schuppenförmige Blätter und rosa Blüten
Tschatta, die — weißer Prunkhimmel
Wedda, die (Mz) — Urbewohner im Inneren Sri Lankas (an die 3 000); sie sind von kleinem und zierlichem Wuchs und haben welliges Haar
Yams, das (MZ —), Yamswurzel, die (Mz — n) — eine alte, in Südostasien wachsende Kulturpflanze, chinesische Kartoffel; eine tropische Nutzpflanze, die eßbare, stärkereiche Wurzelknollen hat

Ceylonesische Märchen

Text von Elena Chmelová
Illustrationen von Marián Čapka

Nachwort von Jan Filipský
Übersetzung von Anna Fialová
Deutsche Redaktion von Joachim Schmidt und O. Werdau
Graphische Gestaltung von Eva Kovačevičová-Fudala

VERLAG WERNER DAUSIEN. HANAU
ISBN 3-7684-5816-4